社科工作者思想政治工作若干问题的理性透析

曹十芙 著

中国出版集团
世界图书出版公司
广州·上海·西安·北京

图书在版编目（CIP）数据

社科工作者思想政治工作若干问题的理性透析/曹十芙著. —广州：世界图书出版广东有限公司，2016.6（2025.1重印）
ISBN 978-7-5192-1566-8

Ⅰ.①社… Ⅱ.①曹… Ⅲ.①社会科学—科学工作者—政治工作—研究—中国 Ⅳ.① G316 ② D64

中国版本图书馆 CIP 数据核字（2016）第 143448 号

社科工作者思想政治工作若干问题的理性透析

策划编辑	刘婕妤
责任编辑	张梦婕
出版发行	世界图书出版广东有限公司
地　　址	广州市新港西路大江冲 25 号
http://www.gdst.com.cn	
印　　刷	悦读天下（山东）印务有限公司
规　　格	710mm×1000mm　1/16
印　　张	13.25
字　　数	158 千
版　　次	2016 年 6 月第 1 版　2025 年 1 月第 3 次印刷
ISBN	978-7-5192-1566-8
定　　价	58.00 元

版权所有，翻版必究

自 序

　　思想政治工作通过研究和运用人的思想行为活动的特点与规律，在马列主义、毛泽东思想、邓小平理论、"三个代表"重要思想、科学发展观、习近平系列讲话精神指引下，调动人的积极性、主动性和创造性，克服消极因素，用共产主义的思想体系和社会主义精神文明的要求，努力把人们的思想觉悟提高到党所要求的高度上来，使人们树立正确的世界观、人生观、价值观。我党历来重视思想政治工作，它在党的全部工作中占有重要地位。无论是在革命年代还是在建设时期，我党始终把思想政治工作作为一切工作的生命线，把思想教育作为党的思想政治建设的中心环节。党的十一届三中全会之后提出了"思想政治工作是一门科学"的命题。

　　思想政治工作有其内在的规律性，其基本原理和原则具有相对的稳定性和广泛的适用性。思想政治工作队伍必须具备一定的专业知识和工作经验，需要懂得思想政治工作的规律和特点。这就需要我们去学习、钻研和掌握，不断地丰富它的内容、把握它的规律、研究它的方法。社科工作者的思想政治工作既有一般思想政治工作的共性特征，也有自身的不同特点，因为社科界是一个哲学社会科学理论人才的熔炉，汇集着一群高智商的专家学者，他们是国家的栋梁，是未来人类发展的希望。

因此，社科工作者思想政治工作只能加强，不能削弱与疏忽，否则就担当不起历史赋予我们的重任。

加强思想政治工作，是推动哲学社会科学健康发展的根本大事。我国社科工作者的根本任务就是为建设中国社会主义献计献策。在这一前提下，《社科工作者思想政治工作若干问题的理性透析》问世，具有一定的理论意义和现实意义。该书具有以下几个特点：

一是适时性。《社科工作者思想政治工作若干问题的理性透析》一书将帮助广大社科思想政治工作实践者，加深对思想政治工作的重要性和紧迫性的认识，促进他们更好地去把握思想政治工作的规律，以开创思想政治工作的新局面。

二是系统性。本书在内容上比较全面、系统，对包括社科工作者思想政治工作存在的问题、问题的原因、主要任务和基本原则、主要方法、基本经验等方面，都做了比较详细的论述。逻辑结构比较严谨，信息量大。

三是实用性。本书的各个环节，既有实践调查，也有理论分析，又有较强的操作性。因而，无论是对社科工作者思想政治工作研究还是对广大社科工作实践者都有一定的启发和帮助。

总之，这只是我完成本书写作之后的思考。也因为自己的思想水平和科研能力的局限，本书难免有许多缺陷，我只能企望在读者的批评帮助中改进、再改进。

曹十芙

2016 年 2 月 18 日

目 录

第一章 加强社科工作者思想政治工作的重大意义 …………… 1
　一、弘扬中国共产党的光荣传统和优良作风 ……………………… 3
　二、思想政治工作是经济工作和其他一切工作的生命线 ………… 8
　三、思想政治工作推动哲学社会科学事业的繁荣发展 …………… 10
　四、思想政治工作是深入贯彻和落实科学发展观的内在需要 …… 12
　五、思想政治工作是全面建成小康社会的必然选择 ……………… 14
　六、思想政治工作是构建社会主义和谐社会的需要 ……………… 18

第二章 社科工作者思想政治工作面临的挑战 ………………… 23
　一、当前社科工作者思想政治工作面临的新情况和新问题 ……… 25
　二、社科工作者的思想观念发生新变化 …………………………… 26
　三、网络文化对思想政治工作的冲击和影响 ……………………… 29
　四、社科工作者思想政治工作的新特点 …………………………… 40

第三章 社科工作者思想政治工作相对滞后的原因剖析 ……… 47
　一、社科工作者自身方面的原因 …………………………………… 49
　二、外部因素的影响 ………………………………………………… 50
　三、社会大环境的影响 ……………………………………………… 56
　四、思想政治工作的实效性有待增强 ……………………………… 59

第四章 改革开放以来社科工作者思想政治工作的基本经验 …… 61
  一、始终高度重视社科工作者思想政治工作 …………… 63
  二、努力形成齐抓共管的工作格局 ……………………… 64
  三、着力建设一支高水平的思想政治工作队伍 ………… 66
  四、把解决思想问题与解决实际问题有机结合起来 …… 70
  五、创新社科工作者思想政治工作的方式方法 ………… 73

第五章 社科工作者思想政治工作的基本框架 …………… 81
  一、理想信念教育 ………………………………………… 83
  二、道德教育 ……………………………………………… 96
  三、科学精神和人文精神的教育 ………………………… 109

第六章 社科工作者思想政治工作的原则和方法 ………… 125
  一、做好社科工作者思想政治工作的基本原则 ………… 127
  二、社科工作者思想政治工作的方法 …………………… 144
  三、社科工作者思想政治工作的基本思路 ……………… 161

第七章 加强党对社科工作者思想政治工作的领导 ……… 167
  一、党的领导是做好社科工作者思想政治工作的根本保证 …… 169
  二、建立健全思想政治工作责任制 ……………………… 181
  三、建设一支政治强、业务精、作风正的思想政治
      工作队伍 ……………………………………………… 185
  四、探索规律，推进思想政治工作科学化 ……………… 190

主要参考文献 ……………………………………………… 199

后　记 ……………………………………………………… 203

第一章

加强社科工作者思想政治工作的重大意义

思想政治工作作为一门科学，具有不同于其他事物的客观规律性。人们的思想和行为是有其客观规律性的。马克思、恩格斯说：人们"行动的一切动力，都一定要通过他的头脑，一定要转变为他的愿望的动机，才能使他行动起来"。然而支配人们行动的动机，并不是头脑里固有的，而是"外部世界对人的影响表现在人的头脑中，反映在人的头脑中，成为感觉、思想、动机、意志"。这就是说，人们的一切行动是受思想支配的，支配行动的思想，是人们所具有的社会条件、生活条件、工作条件、知识素养等客观条件与大脑思考的结果。这就是人们思想和行动的基本规律。这个规律决定着整个思想政治工作的规律。思想政治工作研究人们的思想和行为活动的基本规律，包括人的思想和行为相互转化的规律、思想行为与利益相关的规律、人与环境互动的规律、教育与管理相统一的规律等。这些基本规律构成了思想政治工作这门科学的基础理论。

加强思想政治工作，是推动改革促进哲学社会科学事业发展的有力保证。社会的巨大变革必然会引起人们思想上的强烈反响。对于旧体制向新体制转轨，对市场经济带来的积极因素与负效应，人们都需要有一个思考、鉴别与适应的过程。当前，人们在许多理论问题、认识问题上存在着困惑，在世界观、人生观、价值观方面都面临着新旧观念的碰撞。这纵横交错的矛盾和社会的振荡使社科工作者思想上落下层层疑团，形成一个个热点问题。在这种情况下，我们社科工作者必须以敏锐的洞察力和深邃超前的思想牵引力，准确把握人民群众思想跳动的脉搏，深入学习中国特色社会主义理论；更新思想观念，增加对改革精神上、思想上的准备；正确认识、把握市场经济发展过程中出现的复杂现象；正确分析处理改革过程中的各种矛盾，提高驾驭新形势的应变能力。从而推动改革做好必要的政治保证和理论先导，创造一个积极的思想舆论环境，为经济、政治体制深入改革起到保驾护航的重要作用。

一、弘扬中国共产党的光荣传统和优良作风

思想政治工作无论对于任何一个国家或任何一个政党，都是十分重要的工作之一，这一工作的好与坏直接影响到这个国家或政党的好与坏。对于中国共产党就更是如此。从某种意义上来说，我们的党也是思想政治工作的产物，没有共产主义的思想，也就没有中国共产党。

1. 思想政治工作是我们党多年以来一直依靠的优良传统

思想政治工作是我党多年以来一直依靠的优良传统之一。一个先进的党，必须有先进的指导思想，这是无数历史经验证明了的。我党之所以取得革命的胜利，也是由于我党的指导思想是先进的、科学的，是符

合时代发展要求的。中国近代也有不少的组织进行革命、运动,但都没能取得最终的胜利,都是由于它们的思想具有一定的局限性。太平天国起义是一个农民起义,它不能摆脱封建制度的制约;近代的资产阶级革命,也是由于民族资产阶级具有双重性,不可能将革命进行到底,同样就不可能摆脱革命失败的命运。只有中国共产党接受了马克思主义思想,并不断地发展,结合中国的实际国情,才能最终解放中国,使我国摆脱贫穷落后的局面,最终成立新中国,这都证明了思想政治工作的重要性。没有指导思想的政党是没有的,也不可能形成一个组织。可见,思想政治工作是党生存、发展的优良传统,任何时候都不能放弃。

2. 思想政治工作是把握人的思想动态和做好人的思想工作

思想决定行动,而人的思想是可以引导的。思想是一个人的自由,需要我们正确引导。思想政治工作在我党的革命初期是十分重要的。当时人们的思想是受封建思想统治的,是用"三从"、"四德"规范的,这种思想观念是受封建统治阶级统治的,是为封建统治阶级服务的。在这种思想的统治之下,劳动人民是不能有任何反抗的,只能任凭封建统治阶级的剥削,为封建统治阶级服务。这种思想,对于奴隶制度而言,确实有其先进的一面,但对于经济发展的那个历史阶段是落后的、腐朽的,也是要求被淘汰的。人们的思想被禁锢的时间长了,没有先进的思想,人们是很难摆脱旧的思想模式的,是不可能有新的进步的。只有共产主义的思想出现了,人们才开始思考人与人之间是平等的,这在封建帝国是绝对不可能的事情。所以说,思想对于一个社会,乃至每一个社会成员是多么的重要,也是十分必要的。

3. 加强和改进思想政治工作是全党全国人民凝心聚力的需要

精神支柱,是民族凝聚力的重要支撑,是综合国力的重要组成部分。一个民族、一个国家没有经济实力，是弱小的，同时没有精神支柱也是难以强大的。人们常说一个人活着必须有精神支柱，更要有为自己的事业献身的理想，如果精神上没有什么寄托，那么人活着也没有什么意义。这种所谓的精神寄托，说的通俗一些也就是一个人的思想状况。一个人是具有先进的思想，还是有消极的思想，也就决定了这个人的生活状况是向上的，还是落后的，思想工作也就起着举足轻重的作用。我党在成立初期，社会的情况十分复杂，那时候也正是对每一名党员的思想最严峻的考验。在那么艰苦的条件下，冒着牺牲宝贵生命的危险，坚持自己的信念，没有一个强有力的思想支柱是不可能办到的，能够在敌人的严刑拷问下保守党的机密，不是每一名普通人都能做到的，在生命与正义、真理发生矛盾时，要战胜自己求生的欲望来维护正义与真理是十分困难的，没有坚定的思想是办不到的。可见，思想政治工作对于一个党、一个组织就是这样的重要，对于当前的社会发展，对于党领导下的社会主义制度，思想政治工作更为重要。

　　社会发展了，思想进步了，人民的生活水平提高了，没有必要用生命去捍卫组织的机密了。在这个时候，同样需要正确的思想、正确的人生观。人的生活富裕了，如果思想政治工作跟不上，就很容易出现这样或那样的错误，如追求浮华的生活，生活上没有进取心，安于现状，不求发展；有的则违反原则，贪污受贿走上犯罪的道路。这些问题的出现都是由于只注重经济的发展，放弃了思想政治工作。建设中国特色的社会主义就要求我们必须坚持物质文明、政治文明、精神文明都要抓，而且都要硬，绝不能放松，放松一条都不能称其为中国特色的社会主义。只有通过强有力的思想政治工作，才能把全党的思想统一到中央的精神上来。

4. 思想政治工作是增强民族团结和维护社会稳定的需要

在看到民族团结、国家昌盛是我国政治形势主流的同时，也要看到社会上还存在着一些不稳定因素。譬如，如何处理好失业人员和拆迁户的就业安置问题。这个问题处理不好，就有可能成为社会矛盾的"导火线"，激化矛盾，影响安定团结。稳定是压倒一切的。要通过加强思想政治工作，化解矛盾，使全党团结在以习近平同志为核心的党中央周围，进而实现全国人民的大团结，营造一个生动活泼、团结稳定的政治局面。

5. 思想政治工作是推动经济社会发展和实现改革目标的需要

按照马克思主义的理论，社会生产力是由三部分构成：物质生产力、精神生产力和人口生产力。思想政治工作究竟有无地位，关键看在推动社会生产力发展方面有无作用。可以说，思想政治工作和发展生产力之间有着本质的、不可分割的联系。因为人的因素是物质生产力最积极、最活跃的因素，是起决定性作用的，提高人的素质是发展生产力的首要问题。所以我们通过思想政治工作来推动物质生产力的发展，是符合邓小平同志讲的生产力标准的，是有价值的。加强和改进思想政治工作在全党形成合力，是推动社会生产力全面发展，保证全面建成小康社会和建设社会主义和谐社会的宏伟目标实现的有力保障。

第一，党的思想政治工作为经济工作和其他一切工作提供强大的精神动力

任何工作都是人去做的，都要靠发挥人的积极性、主动性和创造性来完成。即使在科学技术快速发展的现代社会，人仍然是最终起决定作用的因素。毛泽东曾经指出："人是要有一点精神的。"邓小平也曾经说过，"人的因素重要，不是指普通的人，而是指认识到人民自己的利

益并为之而奋斗的有坚定信念的人"。"对马克思主义的信仰,是中国革命胜利的一种精神动力"。邓小平还将培养"有理想、有道德、有文化、有纪律"的"四有"新人确立为社会主义精神文明建设的根本目标,并且强调"四有"中有理想、有纪律最为重要。党的思想政治工作在培养"四有"新人的系统工程中占据首要地位,而且在为经济工作和其他一切工作提供精神动力方面起着不可替代的作用。

新中国成立以来,广大干部和群众在党的领导和教育下,在各条战线上奋发图强,创造了辉煌的业绩,并涌现出王进喜、时传祥、徐虎、李素丽等一大批劳动英模,焦裕禄、孔繁森等一大批人民的好干部和钱学森等杰出的科技专家。这些榜样的力量,又推动着更多的干部和群众更加努力地去谱写新的历史篇章。"人心齐,泰山移"。近年来许多国企脱困,农村脱贫,就是靠领导有坚定信念,群众有拼搏精神,上下齐心,团结奋斗。"基础不牢,地动山摇"。如果党的基层组织的思想政治工作有名无实,人们精神不振,思想混乱,组织涣散,管理松懈,原本是先进单位,也难免垮下来。正反两方面的经验昭示我们:在一定的物质技术基础上,精神动力的有无和强弱,对一个人、一个单位工作的兴衰成败,有着不容低估的重大影响。

第二,党的思想政治工作为经济工作和其他一切工作提供有力的思想保证

我国是一个人口众多、地域辽阔、发展不平衡的大国,封建主义、资本主义腐朽思想和小生产习惯势力还有广泛影响。我国将长期处于社会主义初级阶段。以公有制为主体、多种所有制经济共同发展,是我国社会主义初级阶段的基本经济制度。为了坚持社会主义公有制的主体地位和共产党的执政地位,就必须始终坚持用马列主义、毛泽东思想、邓

小平理论、科学发展观、习近平系列讲话精神占领思想文化阵地,教育广大社科工作者。这不仅是因为各种意识形态之间有进步与反动、先进与落后的本质区别,更是因为如马克思所说"统治阶级的思想在每一时代都是占统治地位的思想"。古今中外莫不如此。在处理对外关系时,不能以意识形态画线,也不会对别的国家输出我们的意识形态。但在国内,我们必须坚持和加强马克思主义在意识形态领域的指导地位。在指导思想上绝不能搞多元化。西方国家就从来不允许马克思主义在他们的意识形态中居于指导地位。在这个大是大非问题上,我们必须清醒,切不可天真。

加强党的思想政治工作,就是要确保以马克思主义为指导的社会主义意识形态的中心地位、主导地位,以此作为团结全国人民的思想核心。我们要高奏爱国主义、集体主义、社会主义的主旋律,同时把先进性要求与广泛性要求结合起来,坚持用共产主义的崇高理想凝聚工人阶级先锋队,用中国特色社会主义的共同理想凝聚全国人民,用爱国主义凝聚包括港、澳、台同胞和海外侨胞在内的全体中华儿女。有了这不同层次的思想上政治上的凝聚,经济工作和其他工作就有了安定团结的社会环境和可靠的思想保证。而这种民族凝聚力又同经济实力、国防实力一起,构成了我们的综合国力。

二、思想政治工作是经济工作和其他一切工作的生命线

抓好党的思想政治工作,作为我国社会主义改革和建设中一项带全局性、战略性的紧迫任务提到了全党和全国人民面前。我们党历来认为,思想政治工作是经济工作和其他一切工作的生命线。在新的历史时

期，全党全国的中心工作是经济建设，我们必须紧紧抓住这个中心不放，各项工作都要服从和服务于这个中心。那么，为什么思想政治工作是经济工作和其他一切工作的生命线呢？从根本上说，这是由我们党的历史使命和执政地位决定的，是由党在社会主义初级阶段的基本路线决定的。中国共产党不仅要改造旧中国，而且要建设一个新中国。党的十一届三中全会决定将全党工作的着重点转到经济建设上来，这是正确把握社会主义初级阶段的主要矛盾，为建设社会主义现代化强国、实现党的历史使命而做出的重大政治决策。这种转变，绝不是脱离政治或不讲政治，而是如列宁同志当年说的，使"斗争的重心逐渐转向经济方面的政治"，将"从事国家的经济建设"作为"现在我们主要的政治"。我们党经过艰苦的努力，才在全党和全国实现了这一具有重大历史意义的战略转移。在这一过程中，党的思想政治工作发挥了重要作用。党在社会主义初级阶段的基本路线要求我们以经济建设为中心，坚持四项基本原则，坚持改革开放。只有正确认识和处理经济与政治的关系，才能实现经济、政治、思想文化三位一体的全面发展的奋斗目标，将我国建设成为富强、民主、文明的社会主义现代化国家。改革、发展、稳定是我们党和国家的工作大局。党的十一届三中全会以来的实践表明，正确处理改革、发展、稳定的关系，把改革的力度、发展的速度和社会可以承受的程度统一起来，在保持社会政治稳定的前提下深化改革，加快发展，就一刻也不能离开做人的工作，而且必须将党的思想政治工作同经济工作和其他业务工作紧密结合起来，积极主动地为中心和大局服务。只有抓住思想政治工作这条生命线，各项工作才能显出勃勃生机。

中国是社会主义国家，指导我们思想的理论基础是马克思列宁主义、毛泽东思想、邓小平理论、科学发展观。我们的一切工作都应以马

社科工作者思想政治工作若干问题的理性透析

列主义、毛泽东思想、邓小平理论科学发展观为指导。经济工作及其他各项工作虽然千差万别,但都是建设中国特色社会主义事业中的一部分,都不能离开实现社会主义现代化这个总目标。为了坚持正确的方向,为经济工作和其他工作提供强有力的保证,我们必须充分发挥自己的政治优势,加强党的思想政治工作。

在我国社会主义初级阶段,思想意识形态领域的斗争将会长期存在。一段时间以来,意识形态领域中出现一些错误观点,有的鼓吹西方的民主和自由,有的主张指导思想多元化,个别人甚至公开宣扬私有化,公开在报刊书籍中歪曲党的历史,诋毁党的优良传统。在思想意识形态领域,马克思主义、无产阶级的思想不去占领,各种非马克思主义、非无产阶级的思想,甚至反马克思主义的思想就会去占领。只有加强党的思想政治工作,旗帜鲜明地坚持四项基本原则,抵制各种错误思潮,才能保证国家的长治久安和社会的团结稳定。

三、思想政治工作推动哲学社会科学事业的繁荣发展

抓好社科工作者的思想政治工作,直接关系到我们哲学社会科学事业能否取得成功,关系到我国社会主义现代化建设能否取得成功。这是站在国运兴衰、民族复兴的高度论述思想政治工作的极端重要性,是在科学分析当今国际国内政治形势和我们面临的挑战的基础上,高屋建瓴,高瞻远瞩地对思想政治教育工作的作用深刻分析得出的结论。

1. 思想政治教育是时代的呼唤

邓小平同志曾经说过,"思想政治教育是办好一切事情的保障,思想政治教育是我党的一大政治优势"。"我们一定要把思想政治工作放

在非常重要的地位，切实认真做好，不能放松。"在新世纪新阶段，加强和改进思想政治工作是新形势发展的需要，有它特殊历史时段的背景。第一，我国正处在计划经济向社会主义市场经济转轨的关键时刻。转轨的这个时刻最容易在方向上出现问题，一方面在交叉时期，法制不健全，教育不太得力，造成空隙；另一方面市场经济本身有两重性，既有正效性，也有负效性。在市场经济条件下，如果忽视教育和监督，就容易滋长资产阶级价值观，表现在行为上就是腐败。因此，我们要警惕市场经济的负效应，要通过加强思想政治工作来抑制负效应，保证正效应。第二，改革进入了攻坚战的关键时刻，各种社会矛盾交织在一起。第三，国际社会正值出现政治多极化，经济全球化的两大特点，西方国家对我国的和平演变政策一直没有停止，他们要动摇我们对马克思主义的信仰，动摇对共产党的信念，这就需要我们必须加强思想政治工作，对他们的攻心战有更清醒的认识。思想政治工作在哲学社会科学事业发展中起着不可替代的作用。思想政治工作是做好社科工作者工作的重要思想保证。改革的深入，需要进一步鼓励社科工作者振奋精神，统一认识，把握机遇，锲而不舍地克服前进中的困难和问题。所有这些都表明，社科工作者的每一步都离不开强有力的思想政治工作，只有重视和做好思想政治工作，社科工作者才有凝聚力，才有战斗力，才有发展的后劲。

2. 加强思想政治工作是社科工作者永葆生机与活力的根本保证

多年来的实践证明，什么时候我们做到了"两手都硬"，什么时候党的事业和国家现代化建设发展就快，就胜利，就少走弯路。社科工作者也不例外，什么时候加强了社科工作者的思想政治教育，什么时候社科工作就是一片勃勃生机；反之，削弱了思想政治工作，社科工作就会出问题。社科工作者思想政治工作有非常丰富的内涵，具有科学的理论性和多样的操作性。首先，社科工作者所强调的思想政治工作有完整的方针、原则，如必须坚持党的教育方针、坚持"一个中心、两个基本点"、坚持理论联系实际的原则、坚持以发展的眼光看待事物的原则等。其次，社科工作者思想政治工作有系统的内容，如政治理论的教育，品德教育、纪律教育、法制教育、集体主义教育等等。最后，社科工作者的思想政治工作有大量的经验可借鉴，有一套行之有效的方法。

四、思想政治工作是深入贯彻和落实科学发展观的内在需要

用科学发展观来指导社科工作者思想政治工作，是当代社科工作的有效方法。进一步加强和改进社科工作者思想政治工作，既要认真坚持我们党在长期实践中积累起来的宝贵经验，又要解放思想、实事求是、与时俱进，根据时代发展的要求，不断在观念、内容、方法和体制机制等方面改进创新，不断总结和创造新经验。

1. 社科工作者思想政治工作必须促进人的全面发展

马克思、恩格斯曾经明确指出，共产主义社会是以"每个人的全面自由的发展为基本原则的社会"，"根据共产主义的原则组织起来的社会，将使自己的成员能够全面地发挥他们的各方面的才能"，"在那里，每个人的自由发展是一切人的自由发展的前提"（《共产党宣言》）。马克思主义经典作家还揭示了社会全面进步与人的全面发展的历史内在性，指出"人们的社会历史始终只是他们的个体发展的历史，而不管他们是否意识到这一点"。党的十六届三中全会把人的全面发展和社会全

面进步列为新发展观的重要组成部分,就反映了马克思主义的本质要求,从人的整体来讲,其成长和发展,特别是智能和精神的发展几乎是无限的,所以教育的可能性也是无限的。

首先,社科工作者思想政治工作的关键在于品质提升。社科工作者的思想政治工作既要适应社会主义市场经济发展的需要,又要准确反映社科工作者的思想变化;既要立足于现阶段实际,又要面向未来的不断发展;既要在工作中具有可操作性,又要易于为广大社科工作者所接受。这就要使思想政治工作体现时代性、把握规律性、富于创造性,具体而言,就是要在"实用、科学、求新"上下工夫,所谓"实用",就是要坚持实事求是的原则,对社科工作者必须有实心、重实际、讲实话、办实事、求实效、切实解决与社科工作者息息相关的各种问题。所谓"科学",就是要运用各种科学的方式方法。因地制宜,加大投入,形成包括舆论阵地、培训阵地和文化阵地在内的思想政治工作主阵地,广泛开展融思想性、政治性、科学性、知识性、趣味性为一体的社科工作者喜闻乐见、丰富多彩的活动,形成思想政治工作的浓厚氛围。所谓"求新",就是在手段上大胆创新,充分发挥各种思想文化阵地的合力作用,坚持继承与创新相结合,用多样化的内容和方法去满足社科工作者多方面、多层次的精神文化需求。

2. 社科工作者必须把教育人与关心人、塑造人与服务人结合起来

传统的发展观把追求物质需要看作是人的唯一目标,这种以物为本的发展理念一方面破坏了人的发展的完整性,同时导致了社会、生态危机的产生。科学发展观则用以人为本的发展理念取代以物为本的发展理念,强调发展是包括物质需求、精神需求、生态需求等人的多种价值要求的实现过程和人自身价值的提高过程,这是对中国传统发展观念和伦理道德的一种全新改变。胡锦涛同志曾经强调指出，思想政治工作说到底是人的工作，必须坚持以人为本，既要坚持教育人、引导人、鼓舞人、鞭策人，又要做到尊重人、理解人、关心人、帮助人。树立以人为本的思想，社科工作者思想政治工作应当以全面陶冶人、塑造人为中心任务，所有的实践和研究，首先应当从了解和研究人做起，过去我们习惯于从人的社会性、阶级性方面，而不是从人类学、生理学、心理学方面分析及研究人的。

树立以人为本的理念，社科工作者思想政治工作应当紧紧围绕全面建设中国特色主义这个根本任务来进行。从社科工作者的思想实际出发，紧密结合全面建成小康社会的新要求，引导社科工作者认清政治与业务、主观选择与客观需要、个人与国家集体之间的辩证关系，树立科学的人生观与价值观。要深入研究和回答广大社科工作者在社会发展过程中遇到的一些热点、难点问题，帮助他们提高理论水平，增强识别思想理论是非的能力，从而不断提高自身的思想道德素质、科学文化素质和健康素质。

五、思想政治工作是全面建成小康社会的必然选择

全面建成小康社会推动了中国改革开放事业的进程，促成我国现代化事业的飞速发展，也将指引全国人民向着中国社会全面发展和中华民族全面复兴的正确目标前进。在这一可以生动感受到中国历史变迁的过程中，思想政治工作应该发挥自身的作用，与其他领域一样在体现与时俱进精神的同时，积极进行服务于当前经济发展，并付诸正在进行的全面建成小康社会的生产实践。

1. 思想政治工作能帮助人们树立全面建成小康社会、一心跟党走的坚定信念

思想政治工作是社会主义物质文明建设和社会主义精神文明建设的生命线和保障，维护和体现对党的基本路线的坚持，全面建成小康社会本身就包含着极强的思想政治教育内涵。在全国范围内展开的全面建成小康社会也同样可以看作是一次一定意义上的全方位的思想政治教育活动，是解放思想、实事求是在新形势下的新体现。

不难看到，我们党和我国人民通过艰辛努力已经取得了举世瞩目的伟大成就。与社会主义初级阶段相适应，满足人们日益增长的物质文化需要与经济现状的矛盾依然以不同方式存在，人们在增加了改革开放的信心的同时，也面临许多新的矛盾和问题。以何种心态看待当前全面建成小康社会的形势和问题，以何种方式参与当前发展创新中改革开放的现代化事业，直接与个人的世界观、人生观和价值观联系在一起，进而对人们的社会行为发挥这样或那样的作用。从过去的经验来看，思想政治工作是能够发挥深刻改变影响人们思想和行为作用的有效方法。依靠与时俱进的有所创新的思想政治工作来完成统一思想、团结一致、开拓进取的提高人们的思想觉悟的任务，唤醒和焕发全体人民的积极性、自觉性、创造性，增强责任感和使命感。

思想政治工作要从符合当前社会主义初级阶段的人们的思想特点出发，用以马列主义基本原理为基础的与中国实际紧密结合的，以邓小平理论、"三个代表"重要思想、科学发展观、习近平系列讲话精神为体现的马列主义教育人民，启发人们在开创社会主义现代化事业新局面中的思想觉悟。使人们深刻理解和掌握党的路线方针政策，并切实得到贯彻落实，以保证全面建成小康社会的宏伟目标的顺利实现。

社科工作者思想政治工作若干问题的理性透析

思想政治工作在全面建成小康社会中的重要任务就是调动人们的参与加快推进社会主义现代化建设的积极性。适应国际局势发生的深刻变化，号召人们在党的领导下坚定地站在时代发展的前头，在鼓励人们坚持党的基本理论、基本路线和基本纲领不动摇的同时，凝聚团结在党中央周围，在党的爱国主义、社会主义和集体主义的旗帜下，迎来中国现代化建设的新胜利。

2. 发挥思想政治工作在全面建成小康社会中的生命线作用

思想政治工作是把马列主义基本理论和思想方法、党的路线方针政策宣传灌输到群众中去的有效途径。思想政治工作的深入开展是使社会各阶层在思想上与党中央保持一致的重要方面，也是党团结工人阶级和全国人民，加强中华民族凝聚力的具体方法。同时，与全面建成小康社会相适应，通过系统的思想政治工作帮助人们树立开放的社会观、创新的社会观、发展的社会观和全面的社会观，这是与时俱进的要求。

保证各项工作沿着全面建成小康社会的社会主义现代化道路前进，要求思想政治工作在以马列主义基本理论和党的基本路线为灵魂的基础上，用无畏的决心和勇气不断解放思想、实事求是、与时俱进地冲破旧观念的束缚，使思想政治工作理论上不断有新发展，在实践上不断有新创造。思想政治工作是党保持马克思主义政党本色和密切联系群众的重要方法，把正确的理论和路线告诉群众并带领群众贯彻执行，需要通过思想政治工作来实现；获得群众拥护和支持，取得前进动力，需要思想政治工作。这表明，思想政治工作能够使人们以积极健康的心态投身民族复兴的伟大事业，振奋群众的革命精神，保证党和全国人民同心同德为全面建成小康社会而奋斗。

思想政治工作在全面建成小康社会进程中坚持服务于党的基本路线

的同时，把加强党的建设与加强党和人民的血肉联系结合起来。结合新形势新情况坚持疏导的具体工作方法，理论与实际相结合，把思想政治工作与经济和业务工作结合起来，正确处理国家、集体和个人的利益关系，感召人们的良知，形成积极的舆论环境；用建设中国特色社会主义理论武装广大社科工作者，明确思想政治工作部门和人员的职责，继承思想政治工作优良传统，改进和更新思想政治工作方法，提高思想政治工作人员的素质，让思想政治工作发挥其应有的作用。

3. 让思想政治工作成为全面建成小康社会的无穷动力

思想政治工作应该从当前全面建成小康社会及推进改革开放的实际出发，更好地适应由社会主义初级阶段的所有制结构和经济现状决定的人们的思想状况和不同层次的思想水平，调整思想政治工作自身的思想方法和工作方法，帮助人们形成与社会主义初级阶段基本经济制度相适应的思想观念。并在此基础上，把思想政治工作与不同行业的具体工作结合起来，调动一切积极因素，不断解放思想，实事求是，与时俱进。

思想政治工作要体现坚持以经济建设为中心，用发展的办法解决前进中的问题的要求，不割断历史、不迷失方向、不落后于时代、不超越于时代。回溯党的历史不难发现，中国特色社会主义理论体现了鸦片战争以来中华民族包括共产党在内的民族中坚脊梁对民族自强之路的探索，继承了第一代和第二代领导集体的马列主义与中国实际相结合的成果，总结了从反帝反封建革命开始直至新民主主义革命、社会主义革命和社会主义建设，以及改革开放至今的经验教训。这使党领导的全面建成小康社会的实践凝聚并蕴涵着民族不屈之魂、民族自强之魂和民族智慧之魂。全面建成小康社会的伟大实践不仅昭示着中华复兴的不可阻挡，它也验证着中华五千年的文明正在重新焕发生机，呼唤着中华盛世的早日到来。

六、思想政治工作是构建社会主义和谐社会的需要

实现社会和谐，建设美好社会，始终是人类孜孜以求的社会理想，也是包括中国共产党在内的马克思主义政党不懈追求的社会理想。党的十六届四中全会提出构建社会主义和谐社会的新命题，党的十六届六中全会做出了《中共中央关于构建社会主义和谐社会若干重大问题的决定》，把构建社会主义和谐社会作为加强党的执政能力建设的重要任务，进一步确定了构建社会主义和谐社会的指导思想、目标任务、总体部署和各项举措。这是一个具有战略性的重大决策，是贯彻落实"三个代表"重要思想、科学发展观的具体体现，是我们党执政理念的一次重大创新，是我们党从全面建成小康社会全局出发而确立的一项重大战略任务，具有重要的理论意义和实践意义。

1. 和谐社会的理念对社科工作者思想政治工作提出了新的要求

建设"民主法治、公平正义、诚信友爱、充满活力、安定有序、人与自然和谐相处"的社会主义和谐社会，对社科工作者的思想政治教育工作提出了新的更高的要求。实现社会的和谐发展，思想政治工作面临着一个新的转型。以建设和谐社会的理念来认识思想政治工作，会使我们的认识更富有针对性和现实性。

一方面，和谐要着眼于发展。这也是思想政治工作应有的视域和眼光。一个社会的未来之路要靠以社科工作者为代表的青年来完成，提高他们的认识水平与思想政治素质，把他们培养成中国特色社会主义事业

加强社科工作者思想政治工作的重大意义 第一章

的建设者和接班人，是事关国家前途和命运的战略工程，是推进现代化建设的基础工程，是全面建成小康社会、实现中华民族伟大复兴的希望工程，这一切都对建设社会主义和谐社会具有深远的战略意义。

另一方面，和谐要着眼于协调发展。从协调发展的角度而言，和谐社会的理念对社科工作者提出了新的要求，每个人都无可争辩地有权全面发展自己的才能。由此，社会应尊重社科工作者个人的全面发展，应保证其体力与智力获得充分的发展和运用。

2. 社科工作者思想政治工作要为建设社会主义和谐社会服好务

为建设社会主义和谐社会，党的十六届六中全会要求全面贯彻"尊重劳动、尊重知识、尊重人才、尊重创造"的方针，建立一个充满创造活力的社会。这一方针，强调了人在建设社会主义和谐社会中的决定性作用，以及人才与人的全面发展的重要性，从而明确了建设社会主义和谐社会的根本条件与力量源泉。因为社会的和谐，归根结底是人的和谐，而社会和谐与人的和谐的关键，则是每个人的全面发展。人的全面发展是建设社会主义和谐社会的基础。社科工作者思想政治工作的根本目标与任务，就是实现人的全面发展。这样，培养全面发展的人既是社科工作者思想政治工作的永恒目标，也是建设社会主义和谐社会的重要内容和根本条件。

所谓人的全面发展，就是按照人应有的本质，"以一种全面的方式，占有自己的全面的本质"。人的全面发展，不只是指单个人的发展，而是指"每个人"、"任何人"即"全体社会成员"都普遍地得到发展。"个人全面发展"指的是个人劳动能力（包括体力的和智力的）的充分自由发展，是人的才能与品质的多方面发展，是个人与社会关系的丰富和发展以及个人与社会的协调统一发展。思想政治工作要帮助人们树立正确的自然观、社会观和发展观,坚持可持续发展战略,走人与自然和谐发展之路;坚持保护环境和保护资源的基本国策,保护和改善生态环境,发展循环经济,提高资源利用效率。这是我们重新审视人与自然关系后做出的理性抉择。

坚持人的全面发展观,就要克服只追求物质利益的"经济人"、只获取科学技术的"工具人"、迷恋宗教与迷信的"否定人"的局限,真正按照人的属性实现人的物质与精神、科技与人文、政治与道德、生理与心理、知识与能力等方面的全面发展。在市场经济条件下,有少数人存在着以物质替代精神,以科技替代道德的片面发展观,忽视了人自身内在精神的耕耘与和谐。为了避免人们价值取向上的片面性,克服社会发展的不和谐状况,我们党一直强调加强和改进思想政治教育工作,并及时提出了加强社会主义精神文明建设的指导方针,反复强调物质文明建设、政治文明建设和精神文明建设都要认真抓好抓实抓出成效;要实现经济与政治的统一,在经济快速、多样发展的过程中一定要"讲政治",把物质文明、政治文明、精神文明建设统一起来;要树立科学发展观,坚持以人为本,促进社会与人的全面、协调和可持续发展。正是这些指导方针与指导思想,推进了社科工作者思想政治工作的改进与发展,促进了国民素质的提高,保证了我国社会稳定、协调、快速的发展。

总之,进入新的世纪,以及我国各项事业都在蓬勃发展,经济的调整和重组日见成效,但不同的经济成分发生着深刻的变化,因而利益方式多样化、生活方式多样化、就业方式多样化、社会组织形式多样化,反映了新的历史时期生产关系、上层建筑与经济基础之间的矛盾运动的复杂性。这种复杂的矛盾运动推动了社会的发展,同时也带来了不少需要认真对待的问题，诸如思想观念的多元化、信仰的迷失和混乱、社会责任感的淡漠等等。在新形势下，切实做好社科工作者思想政治工作，教育和帮助社科工作者树立坚定的共产主义信念，并能在社会变革转型时期，保持清醒的头脑和高度的政治敏锐性，增强辨别和抵制一切错误思想的能力。

第二章

社科工作者思想政治工作面临的挑战

思想政治工作的对象是人,做好思想政治工作,必须准确把握社科工作者的思想动态,才能做到有的放矢。在新的时期,如何发挥思想政治工作的先导作用,引导社科工作者同心同德、奋发有为,共同促进哲学社会科学事业发展,这是摆在我们社科工作者面前重大而又现实的课题。随着我国改革开放的不断深入发展,社会主义市场经济的不断发展和完善,各种思想观念相互交融、相互碰撞,传统的道德观念、思维方式及个人价值观因历史变革、社会转型的影响而受到很大的冲击,当前社科工作者的思想意识也由此而呈现出新的特点,这不仅给社科工作者思想政治工作的开展带来了新的机遇,更重要的是让社科工作者思想政治工作面临新的挑战。因此,加强和改进思想政治工作,发挥"生命线"、"稳压阀"和"推进器"的作用,凝聚发展正能量,充分调动广大社科工作者的积极性、主动性和创造性,有利于促进经济社会又好又快地发展。

一、当前社科工作者思想政治工作面临的新情况和新问题

从国际思潮的新变化看，在对外开放特别是我国加入WTO的条件下，西方腐朽思想文化和价值观乘虚而入，西方国家利用资产阶级的价值观搞和平演变，妄图对我国实施"西化"和"分化"，占领我国的意识形态领域。这些外来的思想文化强烈地冲击着社科工作者的精神世界，使部分青年社科工作者在思想观念、价值取向上出现了迷茫和徘徊。在这种背景下，如何巩固和加强马克思主义在社科工作者思想政治工作中的指导地位，有效抵御西方国家意识形态的渗透，如何掌握思想政治教育的主动权，引导青年社科工作者正确认识社会主义和资本主义，增强爱国主义和社会主义信念，增强接受党的教育的自觉性，成为社科工作者思想政治工作面临的重大课题。

从国内改革的新情况看，随着改革开放的深化和社会主义市场经济的发展，我国经济、政治和社会生活发生着深刻的变化，人们的思想观念也发生着重大变化，思想活动的独立性、选择性、多变性、差异性明显增强。由于社会主义市场经济体制尚未健全，法制还不完善，社会上出现了一些负面的、与党的奋斗目标不相适应的东西，如自由主义、分散主义、拜金主义、享乐主义、极端个人主义等，还有腐败、收入差距扩大等社会问题，都对青年社科工作者的理想信念和人生追求产生了不利影响。因此，引导社科工作者正确认识我国国情和改革的长期性、复杂性和艰巨性，认清改革和发展的主流和支流，正确对待在发展进程中

社科工作者思想政治工作若干问题的理性透析

出现的矛盾和一些消极现象,树立正确的世界观、人生观和价值观,坚定改革和发展的信心,成为当前思想政治工作的一项长期和艰巨的任务。

从社科工作者的思想状况看,总体上呈现稳定、健康、积极向上的良好态势,人生观、价值观的主流取向是好的。但是,社会环境的多样性和复杂性造成了部分社科工作者价值观念和行为方式的多样性和复杂性,部分同志在社会主义的前途命运、坚持马克思主义的指导地位和共产党的领导等问题上,存在一些模糊甚至错误的认识;学习的紧张、生活节奏的加快、各方面竞争的激烈、人际关系的不协调等,使部分社科工作者产生了心理障碍甚至走向极端;互联网的普及把社科工作者带入了信息时代,由于对网络信息和社会思潮的鉴别力、控制力、抵御力弱,"信息垃圾"、庸俗文化,对社科工作者的身心健康造成了一定程度的伤害,使一些社科工作者道德、行为失范。这些问题,都需要社科工作者着力解决。

二、社科工作者的思想观念发生新变化

随着对外开放的扩大和社会主义市场经济的建立,人们的价值观念和利益关系发生了深刻的变化,这些变化必然也会反映到社科工作者身上。因此,社科工作者思想观念在随时代发展更新的同时,也不可避免地出现了一些不良倾向。

1. 政治观念和政治意识有些淡化

在市场经济的影响下,共产主义理想之外的各种非主流价值观,通过各种方式逐步渗透到我们的生活中,多元意识的存在客观上干扰并影

响了社科工作者正确的世界观、人生观和价值观的确立。在网络技术迅猛发展的今天，网上信息传播的社会化、复杂化易于滋生社科工作者思想意识的非主流化倾向，客观上导致社科工作者价值取向多元化，使其主流价值观难以确立。据一项调查反映，在接受调查的95名社科工作者中有近1/4的社科工作者表示对政治不感兴趣，不愿谈及政治，其关注的焦点主要集中在经济方面。社科工作者思想政治工作的实践告诉我们，当代社科工作者的经济意识、利益观念在加强，有相当一部分社科工作者对物质追求有强烈的欲望，有的受到拜金主义、享乐主义、个人主义和西方腐朽思想的影响，理想浅俗，思想认识水平下降。这反映了部分社科工作者对重大而长远的问题缺乏明确的指导思想，尤其对国家、对社会乃至对个人的长远发展，没有正确的认识。在这样的背景下，社科工作者的思想观念也在发生着微妙的变化，部分社科工作者受物质利益的驱动。从微观角度看，其行为具有主动性和积极性，而从宏观角度视之，则呈现出受制于利益驱动的盲目性。一旦利益追求受挫，就会出现心理失衡现象，影响哲学社会科学事业的健康发展，从而在总体上，其价值追求仍然找不到持久的动力源泉。

2. 集体主义观念弱化且个人意识增强

在传统计划经济体制下，受政治因素的影响，个人的主体意识和主体地位相当薄弱，而在市场经济体制下，解放了的主体意识和个体要求，在部分社科工作者身上过分膨胀，且有走向个人主义的倾向，从而在客观上影响了社科工作者集体生活观念的养成，使得集体主义难以深入，集体主义观念在一定程度上削弱了。据调查显示，部分社科工作者对集体活动关心不够，热情不高，有的社科工作者明确表示不感兴趣。同时，部分社科工作者的自律意识也在不同程度上有所淡化，并伴随着不良道德表现。这些现象向我们表明：集体主义观念的弱化、社科工作者自律意识的减弱必然对个体意识发展走向产生不可低估的负面影响。

3. 政治理论教育与思想教育的分离趋势较为明显

改革开放以来，党的工作中心转向经济建设，对经济工作的高度重视使我们不得不把利益驱动作为推动经济发展的重要手段。"效率优先，兼顾公平"成为这一社会导向的典型表达。追求实惠，讲究功利，在部分社会群体中成为一种时尚，反映在社科工作者身上，表现为社科工作者对追求知识的实用性产生了极高的热情，正是这一热情，部分社科工作者淡化了思想意识形态的教育，淡化了社会理想。崇高的社会理想既是中华民族的文化传统，也是马克思主义的理论特色。理想与功利的矛盾，给我们的思想政治教育提出了新的问题，社科工作者在追求知识和科学的效益的同时，他们是否能够继续追求崇高的社会理想？在知识增多、科技能力增强的同时，思想高尚是否也随之充盈其间呢？另一方面，当今世界信息社会的迅猛发展大大推动了世俗文化的崛起。生活中各种世俗文化与商业文化的大量存在深深地影响了我们的社科工作者，这并不是说一定是坏事，问题在于，如果我们不能很好地巩固和加强思想政治教育的阵地，它同样也会影响我们的主流意识形态。只要稍微观察一下，今天发生在我们曾经熟悉而今又略感陌生的社科工作者身上的那些不经意的变化，我们就会发现，社科工作者的思想观念已经向我们当前的思想教育提出了挑战，讲求实惠、重利轻义、漠视精神追求的世俗文化如"洋快餐"一样"风行一时"。世俗文化的崛起必然冲淡意识形态中的主流思想文化，于是，一个尖锐的问题摆在了我们的面前。对此，我们应加强政治导向教育，正确处理好继承与创新的关系；坚持以信息网络为载体，提高思想政治教育的时效性。

总之，随着社会主义市场经济体制的建立以及西方文化思潮的冲击，我国的经济成分和经济利益走向多样化，人们的思想观念发生了巨大变化。整个社会呈现出：经济意识、个体意识、利益意识、享乐意识的日趋强化；与此同时，政治意识、群体意识、荣誉意识、敬业意识普遍弱化。这种"四强四弱"现象在社科工作者的思想信念和价值观中打下了明显的烙印。突出地表现在社科工作者个人主体意识的增强，他们的价值目标趋向多元，价值取向功利化，价值行为短期化等方面。这些都给当前社科工作者思想政治工作带来了许多不确定因素和新的难度，传统的思想政治工作模式受到了日益严峻的挑战。

三、网络文化对思想政治工作的冲击和影响

随着国际互联网的崛起和迅速普及，人类社会开始迈向信息网络时代。网络作为信息传播的新媒体，具有信息容量大、传播速度快、覆盖面积广、极具虚拟性的特点。随着时代的不断发展，它正日益成为社科工作者获取知识和各种信息的重要手段，并对社科工作者的学习、生活乃至思想观念产生巨大的冲击，对社科工作者的世界观、人生观、价值观、政治观、道德观和思维心理及行为方式都带来广泛和相当深刻的影响。这既给社科工作者的思想政治工作带来了机遇，同时也带来了挑战。我们必须认真研究网络时代社科工作者思想政治工作的特点，重视、开发和利用网络的功能，把网络作为思想政治教育的有效手段，积极思考应对策略，既充分利用这一独特的教育资源，又形成防范机制而扬长避短。

社科工作者思想政治工作若干问题的理性透析

1. 互联网的演绎步履

国际互联网在传递速度、空间拓展和普及运用诸多方面都取得了历史性的发展,世界正在进入信息网络化时代。纵观人类发展历史,从来没有一种技术能够如互联网这样,以其独有的特质深刻地震荡着人类社会生活的每一个层面,并迅速、彻底地改变人类的生产与生活方式,也极大地改变了政府与社会的互动模式。

第一,互联网的起源与发展历程

互联网是英文 Internet 的中文译名,又称因特网、交互网、全球资讯网、国际互联网等。互联网始于 20 世纪 60 年代末至 70 年代初的美国国防部。在冷战时期,美国国防部关心的是在受到核袭击时国家能保持良好的通信能力。所以,国防部建立了高级研究计划署,该机构建立起相应的网络——阿帕网(Arpanet),这便是互联网的雏形。

为抵御核袭击而建立的阿帕网最初是被用于连接美国重要的军事基地和研究场所,其中包括 AT&T 的贝尔实验室。由于这些地方拥有的计算机类型不同,高级研究计划署便开发了一种通用语言,或称之为协议,从而使这些军事基地和研究场所之间实现了通信。同时,他们还使用一种确保安全的路由方法,用之代替了易被发现和跟踪的固定路由的传输方法。阿帕网上的数据是以密码群的形式经可变换的路由分组传输的。阿帕网所用的协议就成了现在众所周知的"TCP/IP 协议"("传输控制协议/因特网协议")。1978 年被美国国防部确定为标准。

在这一时期,各种以太局域网(LANS)在不断地发展,又有一些规模小的类似网络出现,例如纽约城市大学建成的 BITNET,法国的 MINITEL,欧洲的科学和研究网 EARN。到了 20 世纪 80 年代初、中期迅速成熟。由于大多数 LANS 是与含有 IP 网络软件的 UNIX 服务器与工作站一起出现的，所以 UNIX 服务器与工作站的用户很容易与阿帕网相连，从而与研究机构和这术团体进行通信。

到了 80 年代后期，国家科学基金会开始扩展自己的科研网（NSF-NET），其目的是允许教育和研究机构选用国家科学基金会的超级计算机，在网上进行电子邮件、文件和数据交换。NSFNET 基于阿帕网的技术和协议，是美国的一个高速骨干网，它逐步在世界范围内与其他 TCP/IP 的网络相连，具有开放性，允许公众参与，遂被称作 Internet。

由于互联网吸引了越来越多的研究和学术领域之外的用户，故美国联邦政府提供的基金便成为一个问题。所以，国家科学基金会提出了一项"可被接受的使用政策"，该政策要求任何一个商业机构要想进入由政府基金支撑、国家科学基金会操纵的互联网，都必须确保是为了研究和教育，而不是为谋求利润。原本立意很好的政策却难于实现。该政策是造成互联网应用混乱的原因，大大干扰了互联网的商业应用。

互联网的商务应用在 20 世纪 80 年代末到 90 年代初开始缓慢发展，事实上在各个公司逐渐认识到互联网在推销、大众联系、信息传播及电子贸易初始阶段上的价值时，互联网的商业应用才得以迅猛发展。商业应用的急剧增长与在 1991 年商业网络交换协会的创立有关。该协会允许可在互联网上不加限制地选取商务信息。商业网络交换协会初始于三家美国公司，其成员在世界范围内迅速成长，到 1991 年后期，由另外三家公司组成的一家合资企业开创了"CO + RE"（商业与研究）的互联网商业服务，该项服务使各公司能在互联网上获取商务信息。

到 1993 年，商业访问已广泛实现，随其发展的同时，国家科学基金会决定在随后几年中逐步淘汰互联网贸易往来的资助。今后由国家科学基金会控制的基金只用于为研究而创建高速网络以扩展互联网容量，美国贸易部将为提高公众互联网的商业化而管理项目。在此，由政府一手打造的互联网，已逐步摆脱了联邦政府的监管。互联网的商业化成为互联网发展的一个催化剂。1995年，国家骨干网出售给了一家私营集团公司，域名注册经营权也卖给一家公司专心经营。今天，多种商业骨干网已处于网络发展的主导地位，通过它进行的商务活动也得到了爆炸式的发展。

可以说，是冷战促使了网络的诞生，而商业化运作则推动了互联网的发展。迄今为止，互联网发展大体走过了一条"精英游戏——大众参与——商业渗透"的道路。网络从最初的技术平台演变为人们沟通交流的平台，并渗入到了商业、金融、政府、医疗、教育、科研等各个社会部门，网络成了人们生活中不可缺少的一个重要组成部分。互联网已从一个学术、科研和军事的专用网络演变为一个人类生活的新空间。莱因戈德将20世纪里互联网的这一演变过程概括为：50年代的电脑技术属于先知，60年代属于精英，70年代属于亚文化，90年代属于数量不断增长的社会公众。

第二，网络用户在全球迅猛发展

互联网迅速发展，从20世纪70年代的数台计算机互联到80年代的数万主机互联，到90年代中期的数百万主机互联，拥有数千万的用户。在这30多年的时间里，互联网走过了从军事、科研、商业到全民的过程。根据传播学的定义，一种媒体必须达到5 000万人的使用标准才能被称为大众媒体。达到这个目标，广播用了38年，电视用了13年，而互联网仅用了5年。在过去的数十几年里，互联网大潮以令人难以想象的速度和不可阻挡的势头席卷全球。

据报道，1996年全球互联网用户不足4 000万，1997年达到6 800

万，1998年达到9 700万，1999年达到2亿。根据"全球互联网统计信息跟踪报告"（2006年5月第16期）发布的最新资料显示，截至2006年3月31日，全球互联网用户为1 022 863 307，网民占人口比例为15.7%，2000—2005年，全球网民增长率为183.1%。另据国际电信联盟《世界电信发展报告2003》显示，从国家层面上看，1988年建立互联网直接连接的国家数量只有8个，而到了2003年已上升至209个，同年9月，太平洋岛国托克劳群岛成为最后一个实现全球互联网连接的国家。

互联网用户之所以如此迅速地在全球各地扩展，主要是因为互联网所具有的独特功能与优势的发挥。

首先，超越时空。开放的网络结构使任何网络类型、技术选择和活动范围均不受特定网辐结构的支配，而且可通过网络互联结构与其他网络连接。这种开放的网络结构使互联网成为一种新型通信工具。例如，任何信息一旦进入互联网，它不受时空的限制，它通过国际互联网把各种信息24小时不间断地传播到世界各地。只要具备上网条件，任何人在任何地点都可以阅读。从这个意义上说，互联网是最具备全球影响的高科技媒体。而传统媒体无论是电视、报刊、广播还是灯箱海报，都不能跨越地区限制，只能对某一特定地区产生影响。

其次，保留时间长。报纸、广告只能保留1天，电台、电视台广告甚至只能保留几十秒、几秒，互联网上发布的商业信息一般是以月或年为单位。一旦进入互联网，这些信息可以一天24小时，一年365天不间断地展现在网上，以供人们随时随地查询。

第三，信息量大。互联网上有极其丰富的信息资源。从新闻报道、股市行情、体育赛事、烹调技巧到影像、动画、声音、文字；涉及政府、企业、教育等各行各业；写文章、搞研究、查资料、找客户、建市场、信息流、物流等无所不有。

第四，交互性强。任何计算机只要采用"TCP/IP协议"与互联网中的任何一台主机通信，都可以成为互联网的一部分。凭借这一功能，那些需要信息的人可以从更多的来源获得信息，而且是信息互动传播，用户可以只获取他们认为有用的信息，从而使个人获得前所未有的与其他人接触和共享信息的机会。这将会在整个世界中导致信息和通讯流动的民主化。

第五，成本低。网络技术的高速发展和普及，使信息在传输、管理、操纵和解释的速度不断提高。

第六，操作方便。仅鼠标点点，浏览、搜索、查询、记录、下单、购物、聊天、谈判、交易、娱乐、报关、报税等轻松实现，跟发传真、找电话一样简单。

第三，互联网在中国的快速发展

在互联网建设方面，我国的起步比较晚，1994年4月至1995年4月我国的互联网还处于非开放性的学术网络阶段。其间，国内没有中文站点，大多是在国外的系统上进行，所有的操作系统几乎全是UNIX。1994年中国科学院正式接入互联网称CSTNET。1995年邮电部接入互联网，称中国网Chinanet，原国家教委接入互联网称中国教育科研网CERNET。1996年电子工业部接入互联网，称中国金桥网ChinaGBN。形成了中国的四个接入网。此时，美国的互联网早已开始对公众开放，并初具商业化的雏形。另外，国际互联网络已连接了世界上150多个国家和地区。就是在这样一种背景下，中国与许多发展中国家一样，迅速行动，奋起直追。截至2008年6月底，我国网民数已达到2.53亿，首次大幅度超过美国,网民规模跃居世界第一位。尽管如此,互联网普及率只有19.1%,仍低于21.1%的全球平均水平。

对近20年的时间里,互联网在中国的推广和发展速度有人用"井喷"来形容。中国互联网络信息中心(CNNIC)自1997年10月开始发布中国互联网络状况统计报告,至今已22次。从其发布的相对权威和准确的数据中,我们可以具体感受到网络的扩散功能。首先,从不断递升的国民人数看,1997年10月第1次统计数据为62万人;2000年1月第5次统计数据为890万人;2002年7月第10次统计数据为4 580万人;2005年1月第15次统计数据为9 400万人;2007年1月第19次统计数据为1.37亿人,占总人口10.5%;最新的第22次中国互联网络发展状况统计调查结果显示,截至2008年6月30日,我国互联网用户数量已达2.53亿人。

CNNIC报告显示,我国网民中接入宽带比例为84.7%,宽带网民数已达到2.14亿人,宽带网民规模为世界第一。同时,我国网络基础资源也获得了重大突破,国家域名CN下注册的域名数高速增长,1997年10月第1次统计为4 066个;2000年1月第5次统计为4.8万个;2002年7月第10次统计数据为12.6万个;2005年1月第15次统计数据为43.2万个;2007年1月第19次统计数据为180万个;截至2008年7月22日,我国CN域名注册量达到1 218.8万个,超过德国de域名,成为全球第一大国家顶级域名。

调查表明,目前排名前10位的网络应用是:网络音乐、网络新闻、即时通信、网络视频、搜索引擎、电子邮件、网络游戏、博客/个人空间、论坛/BBS和网络购物。网络新闻在网络应用中排名跃升至第二位,一改此前数据之娱乐应用在前10大网络应用中占绝对优势的局面。这与2008年上半年一系列重大新闻事件的网络媒体的表现密切相关。可以说，互联网已成为新闻传播领域中影响巨大的、最具发展潜力的主流媒体。另据统计，目前我国拥有个人博客或个人空间的网民比例达到42.3%，用户规模达到1.07亿人。半年内更新过博客或个人空间的网民比例为28%，规模超过7 000万人。博客逐渐发展成为互联网信息传播的新趋向，许多普通人和社会公众人物，都把写博客当作一种抒怀方式。

CNNIC于2008年6月17日发布了《2008年中国网络视频市场及网民视频消费行为研究报告》。数据显示，截至2007年12月31日，我国使用网络视频的网民高达1.6亿，相当于每1.3个网民中就有一个网络视频用户。当前国内的网络视频行业主流分为视频分享、门户视频、网络电视和网络视频下载四大类，内容分别来自专业内容制作机构和草根网民原创、转载、二次加工两大来源。中国网民对网络视频的娱乐性消费倾向较重，电影和电视剧是最受关注的内容，以高达86.3%的比例远高于其他内容，但年龄最大、收入最高的消费人群主要关注财经类视频节目。在消费方式上，通过浏览器在线观看视频分享、门户网站视频或带视频的网民最多，达到了64.2%，其他方式主要为下载观看、网络电视和边下载边看。从网民关注的内容看，电视剧、电影、体育、财经等成为关注的热点，这促使网络视频的内容走向多元化。

综上所述，互联网作为一种技术平台，已经成为我们的社会赖以运作和发展的重要基础设施；作为一种社会活动类型，它已经成为人类的一个新的生存空间、发展空间和竞争空间，更是一个新的权力空间和矛盾空间。网络空间已经确确实实地崛起，并成为与我们的经济、社会、政治和日常生活息息相关的活生生的现实。

2. 网络给社科工作者思想政治工作带来的机遇

一是网络为社科工作者思想政治工作提供了新手段。在网络世界里，不同年龄、志趣、种族、民族、国籍、宗教信仰、政治立场、价值观念、生活习俗的人，都能自由交流。在这个没有国家疆界、没有长者权威的世界里，社科工作者可以无拘无束地汲取信息、创造信息和传播信息。这对于爱好崇尚自我、标新立异的社科工作者来说，网络不仅成了他们汲取知识和信息的理想场所，而且也同样是接受思想政治教育的新手段。

二是网络为思想政治教育提供了新方式。网络信息技术作为20世纪最具革命性的科学技术之一，它在推动社科工作者道德观念转变的同时，也极大地推动了思想政治教育方式的发展。网络教育的特点使社科工作者可以从被动的学习转变为主动的学习，从而最大限度地调动社科工作者接受思想政治教育的兴趣。

三是网络为把思想政治教育做得更活泼更深入提供了新条件。过去，一讲开展思想政治教育活动，就是报告会、演讲赛、墙报、专刊，虽然发挥得好，有其积极的一面，但随着网络技术的普及，无疑为加强和改进思想政治教育开辟了新的途径，提供了新的方式。如网上宣传、网上讲座、网上"论坛"、电子信箱、热线服务等，这些都为我们的思想政治工作注入了新的活力。

四是网络使思想政治教育工作的社会化程度大大提高。网络的出现，把社科工作者带入一个更为广阔的天地，通过网络，他们既能了解现实生活世界，又能了解不同国家的各种社会现象、思想观点、文化思潮、学术流派。社科工作者不再生活在"象牙塔"中。在虚拟空间里，人人都有一种自我实现的愿望，大家都能畅所欲言。实践证明，只要我们加以正确引导，思想政治教育的效果将会更加显著和坚实。

3. 网络给社科工作者思想政治工作带来的挑战

网络的特点，如一把"双刃剑"，既给社科工作者思想政治工作创造了良好的机遇，又使社科工作者思想政治工作面临严峻的挑战。这主要表现在：

一是网络信息良莠不齐，污染严重。不可否认，大量的网上信息为社科工作者们学习、研究提供了丰富的资料，开阔了他们的视野，丰富了他们的生活。但是充斥网络的各种各样的黄色暴力信息，严重影响社科工作者心理健康。由于网络具有传播速度快、手段隐蔽等特征，一些不良信息扩散的范围为人们始料不及。很多社科工作者无意中会接触到网上虚假、黄色、暴力等信息，不良信息对社科工作者的影响是显而易见的。

二是网络对社科工作者情感、心理健康和人际交往产生副作用。网络中的人际交往，具有导致行为主体冷漠的倾向。一方面，网络间的交往是在虚拟情形下进行的，人与人之间不是面对面、实实在在的交往，而是人机交往，人人都可以在网络中成为"隐形人"。这种情况长期下去，必然会使行为主体冷漠，人际关系淡漠，人际距离疏远，使人产生孤独、苦闷、焦虑、压抑，甚至情绪低落、消沉、精神不振等情况。另一方面，由于网络上时常出现虚假信息、篡改数据文字、网上盗窃、传播病毒、侵犯知识产权等网络犯罪和不道德行为，也会使人觉得交往安全感下降，真实可信的人际关系难以存在，而产生多疑、恐惧、防范等心理，最终加剧个体行为麻木、冷漠，并产生心理疾病。

三是意识形态、文化渗透形势严峻。在目前的国际互联网的信息中，95%以上的信息是英文，中文信息还不到1%。另外，80%以上的网上信息和95%的服务信息由美国提供,而我国在整个互联网的信息输入和输出流量中,仅分别占到0.1%和0.05%。这为以美国为首的西方国家对不同制度、不同观念的国家进行意识形态乃至全方位的文化渗透扩张提供便利条件,导致西方发达国家的价值观念、生活方式等方面内容的乘虚而入,文化安全形势变得严峻。

四是网络文化的多样性使教育者角色发生转变。在网络中,全球各种不同的文化形态、思想观念均在此汇集碰撞,这使社科工作者能明显感受到东西方文化的巨大差异,但社科工作者由于认识水平、辨别能力等方面都还不完全成熟,因而面对多元的思想、价值观念难以做出正确的选择,这就需要他们提高辨别是非的能力。

由此可见,21世纪是一个高度信息化的时代,网络化作为以信息技术为中心的新科技革命的鲜明特征,已深入到社会各个领域。社科工作者作为中国社会网络化发展的前沿阵地,网络已成为社科工作者学习、生活的一部分。它对社科工作者的行为模式、价值趋向、政治态度、心理发展、道德观念等产生着越来越大的影响。网络是一个开放的系统,社科工作者通过互联网了解世界最新信息,扩展了知识视野,拓宽了生活空间。但是由于网络的虚拟和不可控性,在信息的广泛涉入下,不良信息污染了社科工作者德育环境。诸如:西方意识形态和价值观念的传播渗透引发社科工作者人生观、价值观、世界观的冲突与迷茫。在传媒信息的诱导下,信息垃圾(暴力、种族主义、宗教仇恨、民族歧视、恐怖思想、霸权政治等)严重侵蚀着广大青年社科工作者。同时,网络的隐蔽性、虚拟性使得道德行为的自由度和灵活性显著增强,为部分社科工作者放弃道德责任感提供了可能。同时,网络社会没有中心,没有权威,缺乏规则,在一种完全宽松的氛围中,部分社科工作者的道德建设意识很容易弱化，责任感也会慢慢地淡化。网络传播处于无序状态，社科工作者从网络中获得的对其思想观念有影响的诸多信息，无疑对当前思想政治工作提出了新的挑战。

四、社科工作者思想政治工作的新特点

目前，我国正处在经济快速增长和社会深刻变革的时期，对外开放的不断扩大，社会主义市场经济的深入发展以及科技发展日新月异，使各种思想观念相互交汇、相互冲撞和相互激荡，新生的、进步的思想会催生、涌动新思潮，消极的、腐朽的、落后的思想也会沉渣泛起。在这样的背景下，社科工作者的思想动态也随之发生变化，我们必须认真地分析时代背景，了解和把握当代社科工作者的思想发展轨迹和特点，这是做好社科工作者思想政治工作的关键。

1. 社科工作者思想发展变化的动因分析

由于时代大背景的不同，使得每个时期的社科工作者的思想特点都打上了不同时代的烙印。20世纪五六十年代的社科工作者表现出信仰坚定、政治态度鲜明，具有强烈的爱国、奉献精神，舍我忘我，艰苦奋斗。改革开放后，社科工作者的自立代替了过去的被动接受，个性张扬代替了过去的完全依附，法制意识代替了过去的盲从观念，同时也出现了极端个人主义、享乐主义和拜金主义等不良的思想特点。进入21世纪，我国社科工作者的思想有了新的发展和变化，而这些变化也离不开其生活和成长的环境，离不开社会的影响和教育的本身。综观影响社科工作者思想发展的变化因素，概括起来有以下两个方面：

一方面，国际思潮复杂化。近年来，国际形势处于一种总体稳定的

状态，但国际上的各种矛盾依然很激烈，国际关系错综复杂，国际形势动荡不安的隐患也非常突出。相对稳定但又复杂的国际形势，使得当今的世界多元化文化和价值观并存，冲突与对话已经成为历史发展的趋势，不同文明的冲突，几大宗教之间的纷争，东西方价值观念的差距都对我国社科工作者产生巨大的影响。同时，以美国为首的西方国家从来就没有放弃对我国的和平演变。目前，社科工作者面临着大量西方文化思潮和价值观念的冲击，某些腐朽没落的生活方式对社科工作者的影响不可低估。社科工作者是敌对势力争夺的重要对象，西方敌对势力通过潜移默化的宣传手段、灌输资产阶级的政治观、价值观、道德观等意识形态都将影响我国社科工作者的思想。

另一方面，"黄金发展期"和"矛盾凸显期"并存的国内环境。改革开放以来，我国经济快速发展，社会主义市场经济体制逐步完善，社会和谐、政治稳定的局面进一步得到巩固和发展。目前，我国经济已进入了一个长期快速平稳发展的阶段，即"黄金发展期"。而从国内的发展环境和阶段性特征来说，这一时期又是我国"矛盾凸显期"。"黄金发展期"意味着社会的"盛世"，对社会起着巩固、加强和发展作用；而"矛盾凸显期"意味着社会问题的叠加，对社会起着削弱、腐蚀甚至"颠覆"的作用。同样，"黄金发展期"的社会环境有利于社科工作者树立自强意识、创新意识、成才意识、创业意识。而"矛盾凸显期"带来一些不容忽视的负面影响，分配不公、贫富悬殊、弱势群体、社会腐败等矛盾的突出将导致社科工作者政治信仰迷茫、理想信念模糊、价值取向扭曲、诚信意识淡薄、社会责任感缺乏、艰苦奋斗精神淡化、团结协作观念较差等问题。

2. 社科工作者的思想主流：积极健康向上

由于时代背景的变化，当代社科工作者的思想也表现出自身的特点。政治状况总体上是良好的，主流价值观积极、健康、向上，成长成才愿望迫切，但在一些方面也存在着不同程度的问题。其思想特点总结为以下四个方面：

一是政治态度正确，但认识上存在偏差。政治态度是一种重要的政治心理现象，由社会政治环境与个人政治社会化过程交织作用而成，它体现了人们看待和反映政治现象的方式。当代社科工作者思想政治态度是积极的、健康向上的，主流是好的。社科工作者思想政治状况滚动调查显示：我国社科工作者的基本政治态度和政治观点正确，在坚持中国共产党的领导、坚持社会主义道路、坚持马克思主义在我国意识形态的指导等政治理论问题上的态度明确，认识清晰。上述结论也表明：我国当代社科工作者的政治价值取向能够同党和国家的政治导向保持一致，具有高度的政治敏感性，政治观念也日趋成熟。但是，我们也应清醒地认识到，由于国际形势日趋复杂，各种文化相互激荡，国内改革的深入，发展和矛盾交错呈现，各种错误思潮和不良倾向的影响使社科工作者对一些深层次的政治问题的认识存在偏差。主要存在于：如何正确认识社会主义与资本主义的本质和规律；坚信社会主义制度的必然性；如何正确认识我们党的领导，反对在中国实行多党制；如何正确认识马克思主义的指导地位，反对指导思想多元化等问题。

二是理想信念明确，但价值观趋于多元。理想信念是人们对未来的向往和追求，是一个人世界观、人生观和价值观的集中体现。社科工作者的理想信念是其成长的精神支柱、力量源泉和政治保证。我国社科工作者关心国内外大事，尤为关注与国家民族荣誉、利益和国计民生相关的重大事件，对我国保持政治稳定、经济持续快速健康发展和全面建成小康社会充满信心，表现出强烈的民族情感和爱国主义情感；另一方面社科工作者对于自身发展也更加关注，对于个人目标的选择更趋于理性和务实，人生观、价值观积极向上、务实进取，普遍表现出乐观与进取的精神状态。从整体上看，我国当代社科工作者是具有明确的理想信念的，是健康的、积极向上的，能够关注国家各项事业的发展和祖国的未来，对自己的社会职业和生活充满着无尽的向往。但是，在国内外显著的阶段性大气候的影响下，当代社科工作者正接受在网络环境中各种社会政治文化思潮渗透和渲染，这些因素深刻影响着他们的成长。我国当代社科工作者的价值选择趋于务实和多元，功利色彩较浓。东西方的意识形态的差异和社会的高速发展冲击着当代社科工作者的主流价值观。价值取向的功利化更趋明显，先公后私、先人后己、无私奉献的精神价值受到部分社科工作者的质疑；极端个人主义、功利主义和享乐主义越来越被更多的社科工作者所接受，一些社科工作者甚至将个人的理想信念定位在对金钱、权力、地位等的追求和占有上。

三是道德观念传承，但道德素质有待提升。道德观念是主体在长期的道德生活和实践中形成的一系列关于人事、行为、关系和现象之意义的相对稳定的认识，其变化是由社会经济关系的变化发展决定的。当代社科工作者道德观念的变化总的来说是进步的，传承了中华民族优秀的道德观念。大多数社科工作者能够坚持以为人民服务为宗旨、以集体主义为原则、以诚实守信为重点，能够自觉遵守爱国守法、明礼诚信、团结友善、勤俭自强、敬业奉献的基本道德规范，并且有80%以上的社科工作者认同"诚信受益"，"在问社会为你做了什么之前，先问问自己为社会做了什么"，"个人只有在集体中才能更好地得到发展"，"人

社科工作者思想政治工作若干问题的理性透析

生的价值在于奉献"、"职业没有高低贵贱之分"等道德观念。同时,社科工作者的道德观念也不可避免地会受到社会发展过程中消极的,甚至不健康观念的侵蚀而产生消极和负面的影响。事实上,当前有少数社科工作者的社会公德和基础文明缺失,缺乏社会责任感和仁爱之心。因此,还必须进一步注重对社科工作者道德素质的提升,大力加强艰苦奋斗和奉献精神教育,加强诚信教育。

四是个性特点鲜明,但集体意识淡薄社科工作者行为是其思想特点的现实表现,受到传统文化、社会环境、家庭背景等因素的影响,当代社科工作者思想活跃,渴求知识,追求进步,积极向上,奋发成才。自我意识明显强于20世纪八九十年代的社科工作者,他们思维活跃,个性张扬,对社会生活中的新思想、新观点反应迅速,且反抗和批判的潜意识浓厚,对传统和权威的认同和质疑并存。这就导致他们的行为在其价值观主导下也表现出较强的自主性特点。这种自主行为使他们在事业的执着追求中具有更大的主动性和积极性。但另一方面,他们在自主性上也往往显得自以为是,以自我为中心,不听从别人的劝告。少数社科工作者行为举止孤僻,不懂得尊重他人,个人利益第一。在集体和个人的关系问题上,他们更多的是倾向于个人利益,"是否对我有利"往往成了他们是否参加集体活动的标准。

概而言之,在当前我国社会转型和经济转轨的过程中,人们的思想必然呈现出多样性和复杂性。社科工作者作为一个思想活跃、个性多样的社会群体,其思想状况更是呈现出多元化的特征。从总体上看,新时期社科工作者的思想政治主流呈现出现积极向上、务实进取、健康发展的良好态势,但同时也存在一些不可忽视的问题。主要表现在:部分社科工作者政治意识淡漠,政治选择上存在功利化倾向,政治觉悟有待提高。一些社科工作者爱国意识淡薄，缺乏应有的使命感、责任感，缺少民族自尊心、自信心、自豪感。他们在政治思想和政治观念上还存在一些困惑和问题：对国情的认识不透彻，对现实生活中存在的一些问题缺乏正确的分析判断；主要以自我发展为立足点来看待政治问题；对敏感性政治热点问题容易受煽动性宣传的干扰，虽然产生过激情绪和行为的可能性不大，但对其思想造成一定影响，情绪波动在所难免，表现出政治上的不成熟和稳定性差的一面。同时，道德认知与道德行为不一致，在社会道德中强调自我，注重个人感受的倾向十分明显。很多社科工作者是从个人情感和利益的角度来理解道德行为，在理论上认同的道德规范，自己则不在行为上加以实施。在判断道德问题时，首先考虑的是是否损害自己的利益，其次才关注是否损害公共利益。一些社科工作者在如何处理个人与国家、集体和他人的关系上，理论上是清楚的，但在具体行动上，他们又往往顾及自己的多，表现出明显的个人本位倾向。在个人与国家、集体和他人的利益不能同时兼顾、必须做出选择的时候，思想上容易产生较强烈的矛盾和冲突。可以看出，部分社科工作者的道德判断和道德选择标准具有较明显的偏离社会主导价值体系，转向注重个人情感和利益的趋势。与此同时，人生价值观出现偏差。新时期社科工作者人生价值观的主流是积极向上的，但还不够成熟。因此当人生价值目标与现实利益发生矛盾时，一般就倾向于现实利益，价值选择和价值实现上的实惠性、功利性倾向明显。从价值主体看，社科工作者面对社会变化、利益调整时，更加注重"自我"的分量；在价值取向上，他们注重把理想追求与现实功利结合起来，从注重奉献的理想主义转向注重物质、享受的现实生活，讲求奉献与索取并重。从注重知识的价值、理性的追求转向金钱、感官的享受，讲求知识、理想与金钱、物质并重;在价值评价上,与道德评价一样采取双重标准,用集体主义要求他人,自己则采取利己主义。理论上的认知与实践行为脱节,这种双重性充分反映了新时期社会变革形势下社科工作者的复杂心态。就价值观的内容来看,当前社科工作者的思想与行为所展示的价值观:在个人与社会的关系上,更偏向于个人与社会的相结合,在实现社会价值的同时实现个人价值。在进行具体的价值选择时,他们更偏重于个人利益和个人发展,集体主义价值观念还没有真正内化为社科工作者的思想和行为;在理想与现实的关系上,一些社科工作者的理想追求更现实化、物质化。他们更多地注重个人的发展,偏重于职业理想和生活理想,在实现理想的途径上,倾向于外力与自身的共同努力;经济因素对社科工作者思想行为的影响日益突出。一些社科工作者奉行"金钱至上"的原则,他们把同事关系,甚至朋友关系看作了功利关系、金钱关系,拜金主义、享乐主义思想泛滥。有的社科工作者把金钱看成是地位和事业的象征,从而动摇了他们对政治信念的追求。

第三章

社科工作者思想政治工作相对滞后的原因剖析

思想政治工作是我们党的优良传统，也是哲学社会科学事业走向辉煌的重要保障和基础，更是新形势下社科工作者能否经受住各种风浪和考验、永葆生机和活力的"生命线"。因此，社科工作者思想政治工作在培养社科工作者树立正确的理想信念，确立正确的世界观、人生观和价值观，养成高尚的道德品质等方面发挥了积极的作用。它是保证社科工作者培养"四有"新人的重要手段，而传统的思想政治工作的做法在现实面前多少显得苍白无力，集中表现在社科工作者反响强烈的一些热点、难点和疑点问题，不能得到及时、有效的解决，致使其效果大打折扣。当前，社科工作者的思想政治工作还存在不少的薄弱环节，往往只重视事后的惩治和疏导，而忽视思想政治工作的防范、教育和引导作用。

一、社科工作者自身方面的原因

从近几年的工作实践看，当代社科工作者不主动配合和不愿接受思想教育的问题比较突出。随着知识的积累和阅历的丰富，社科工作者面对当今社会激烈竞争的趋势，结合自身毕业分配、发展前景、社会关系、婚姻家庭等情况，有人信心百倍，有人缺乏足够的自信；有的坦然，有的迷茫。这种复杂的心态所呈现出的个体差异给思想政治工作带来挑战。据调查，社科工作者不配合、不接受思想政治教育，甚至抵触思想政治教育的心态大致有以下几种：一是信念定位的坚定性与摇摆性的矛盾。我国现行的教育模式及教学内容使大多数社科工作者信仰社会主义、共产主义，崇尚爱国主义、集体主义，表现出坚定性。同时，由于一些年轻的社科工作者涉猎社会不深，对当前社会存在的分配不公、官员腐败、治安状况不好等现象缺乏正确认识，使其信念发生摇摆。二是判断是非曲直的独立性与不成熟性的矛盾。社科工作者一方面易于接受、传播新事物，并能冷静地分析新事物存在的客观性、合理性和先进性，但另一方面，又发现思想政治教育与当前社会实际生活之间存在反差。这使得社科工作者容易产生逆反心理或者对抗情绪，表现出在认识和分析客观事物上的简单化、表层化。三是追求人生坐标的可行性与退缩性的矛盾。社科工作者对老一辈无产阶级革命家和著名的专家学者大多非常尊崇，以他们的事迹来激励自己，并作为其追求的人生坐标。而在现实生活中，他们却往往一叶障目，看到腐败违纪现象就丧失了信心。

1. 社科工作者的素质状况呈现出多层次性

随着社科工作者人数的增加，社科工作者的主体意识和法制观念呈

社科工作者思想政治工作若干问题的理性透析

现不断强化的态势,使社科工作者在一定程度上将自己视为文化产品的生产者和消费者,社科工作者在接受思想政治教育过程中的主体意识进一步增强,社科工作者的关系正在发生悄然而深刻的变化,他们不再是一个被动的接受者。

2. 有的社科工作者缺乏自觉性

第一,文山会海,浪费时间。有些单位由于管理不善,造成文山会海的严重泛滥,忙得社科工作者叫苦连天。

第二,面对党政干部中存在的一些不正之风,一些社科工作者不愿同流合污,便以告退作为洁身自好的良方。而一些素质差的社科工作者通过种种渠道跟那些作风不正的领导打成一团时,用"送礼"解决自己的问题。

第三,自尊心强,心理承受能力差。有些社科工作者自尊心强,责任感差;个人表现欲望强,与他人团结协作意识差。

二、外部因素的影响

随着对外开放的进一步扩大,社科工作者对各种思想文化的接受和选择有了更为广阔的空间,社会上思想道德和价值观念的多样性,使社科工作者的思想观念和价值取向也呈现多样性。党内的腐败现象,社会上的种种不良现象(坑蒙拐骗、黄赌毒等)都在侵蚀着社科工作者思想政治工作的有效性。正如习近平同志所指出的,"有些领导干部宗旨意识淡薄,脱离群众、脱离实际,不讲原则、不负责任,言行不一、弄虚作假,铺张浪费、奢靡享乐,个人主义突出,形式主义、官僚主义严重;一些领导干部特别是高级领导干部中发生的腐败案件影响恶劣,一些领域腐败现象易发多发"。

1. 网络的影响

以计算机网络为代表的现代信息技术的迅猛发展,急剧地改变着人类社会的生产、生活和思维方式。网络已进入社科工作者的学习和生活。目前社科工作者的上网率已超过98%。网络已成为当代社科工作者学习、生活不可缺少的一部分。网络彻底改变了我们的生产生活方式和思维方式,更直接、更广泛、错误的乃至虚假的信息不会经过任何过滤而直接到达社科工作者的身边。网络传媒冲击着社科界的权威,社科工作者通过网络接受着超越传统、超越国界的新的文化趣味和价值。网络信息垃圾毒害社科工作者。国际互联网上传不良信息已成为日益严重的社会问题。这种不良信息有三类:一是暴力、色情信息。据有关专家调查,在因特网上连续点击一定次数,就能找到黄色网点。二是颓废的信息。通过网络传送腐朽的生活方式、颓废的生活理念,受其影响,一些青年社科工作者沉迷于游戏,意志消沉,精神萎靡,缺乏远大理想。三是煽动政治宣传。因特网已成为西方敌对势力意识形态渗透的"重型武器",他们相互勾结,歪曲是非,散布谣言,进行煽动性政治宣传。

网络上这些不良信息给社科工作者带来的影响,一是网络异化影响社科工作者的身心健康。网络空间到处都是新鲜的"事物",对易于接受新鲜事物的社科工作者一族有着无限的吸引力,这种吸引往往会导致社科工作者对网络的极度迷恋,称之为"网络上瘾症",这导致一些社科工作者与现实世界的脱离,人情疏远,弱化正常的人际交往能力;同时会导致他们身心的疾病,人格发展畸变。二是网络新殖民文化扭曲社科工作者的价值观。因特网把世界各个国家联系起来,不同的文化形态、价值观念在网上冲突或交融,使文化"帝国主义"的形成成为可

社科工作者思想政治工作若干问题的理性透析

能。美国、英国、法国等西方大国利用其经济实力,加速发展信息高速公路,掠夺性地垄断信息资源,这不仅为他们带来巨大的经济效益,而且有利于其政治、文化上的殖民主义扩张。当前互联网流通的信息,各种语言的使用频率(从高到低)依次为英语、德语、日语、法语、汉语,这种语言上的"侵略"使许多社科工作者崇尚"英语优越性",忽视对自己民族语言的学习。三是西方信息大国通过对政治、文化、教育资源的垄断,肆无忌惮地向他国社科工作者传授政治、价值观念和道德理想,以削弱他国优良的文化道德传统和基础。这种扩张具有很强的隐蔽性和欺骗性,在潜移默化中使社科工作者的价值观发生倾斜,有的社科工作者甚至会盲目地认为"西方的月亮比中国的圆"。

2. 加入 WTO 的影响

入世有利于我们吸收国外一切先进的文明成果,同时也对我们的意识形态安全,对社会现有的价值观和固有的文化传统构成挑战。随着资金、技术和信息的进入,西方的意识形态、价值观、思维方式和生活方式也将进入我国,会对我国社科工作者的思想和道德教育产生一定的影响。特别是现代西方一些精神文化产品已经高度产业化了。这些精神产品,表面上是以商品的形式进入其他国家的,实际上却是传播精神文明的载体,其影响力是很大的。而且外国原版教材的使用面会越来越大,这也将会产生双重的影响。因此,我们必须科学地分析加入 WTO 在意识形态、思想观念、思想政治工作的教育内容和方式方法等方面产生的影响,坚持以人为核心,进一步强化马克思主义意识形态的主导地位,切实加强和改进我们的思想政治工作。

第一,社科工作者的思想政治工作面临着有利的形势

社科工作者衷心拥护和支持党和政府的大政方针。据有关调查资料

表明，社科工作者对国家经济政治发展的前景充满信心；对高举邓小平理论伟大旗帜，坚持中国共产党领导地位高度认同，对改革开放和社会主义现代化建设过程中若干基本理论问题的认识比较清楚。特别是对中央致力于抓好"三严三实"等重点工作给予高度的评价，也对中央开展与反腐败斗争，绝大多数社科工作者认为"很有必要"。

社科工作者对我国经济充满信心，支持我国加入世贸组织。根据有关调查资料表明，97%的社科工作者预计未来三年我国的政治局势"非常稳定"或"基本稳定"，对未来三年内、十年内我国的经济发展态势持"非常乐观"或"比较乐观"态度的社科工作者分别为79%和74%。对于中美两国政府签署关于中国加入世贸组织的双边协议，绝大多数社科工作者积极评价。

社科工作者学习新知识，创新意识普遍增强。"知识就是力量"、"知识就是本钱"等理念深入社科工作者的心中，特别是近些年来，随着科技进步日新月异，知识经济初见端倪，社科工作者们学习新知识、接受新事物的热情持续高涨，创新意识普遍增强。随着对外开放的扩大和现代传媒的发达，社科工作者可以较多较快地接触到新信息和新事物。同时在调查中也发现，电脑、人文科学书籍已进入社科工作者阅读的主要书籍行列，许多社科工作者业余时间均热衷操作电脑、上网收集信息等。

第二，社科工作者的思想政治工作面临着多方面的严峻挑战

在充分肯定有利条件的同时，我们也应清醒地看到，社科工作者的思想政治工作面临着多方面的严峻挑战：

一是西方敌对势力推行国际文化霸权，加紧对我国实施"西化"，使思想领域的斗争更加激烈。加入世贸组织有利于我国市场经济体制的

建立和完善,同时也引起了各种思想文化的加速交流和激荡,形成各种民族文化、生活方式和价值观念的矛盾冲突和相互渗透。冷战结束后,以美国为首的西方国家刻意向社会主义国家大搞文化霸权和资本主义思想文化的渗透,他们以自由、民主和人权幌子推销其政治观、价值观。在这种情况下,如何继续深化改革、扩大开放,积极抵御西方敌对势力"西化"我国的图谋及其腐朽思想文化侵蚀,将是对我们如何深入做好社科工作者思想政治工作的严峻考验。

二是完善的社会主义市场经济体制,给社科工作者的思想政治工作提出了新的要求。加入世贸组织后,我国将加快社会主义市场经济体制改革的步伐。但由于我国目前的市场经济体制处于不成熟的状态,运行尚不规范,人们对市场经济普遍存在种种误解,以为不择手段挣钱就是市场经济。当然,加之市场经济本来的趋利特点,容易滋生拜金主义、享乐主义和自由主义。社会上的种种现象必然会反映到社科工作中去,会导致一些社科工作者的个人主义、拜金主义和享乐主义思想有所滋长和蔓延。社科工作者在道德观念、理想信念等方面面临着多种选择。因此,新形势下,社科工作者的思想政治工作就担负着如何树立起正确的人生观、价值观,抵御各种腐朽思想和错误的价值观念侵蚀的艰巨任务。

三是加入世贸组织,将会使社科工作者的思想意识发生新的变化。我国加入世贸组织后,国外的先进的工艺和技术、资金和管理经验大量涌入的同时,资产阶级的意识形态和道德意识也像大潮般的涌进来,呈现在人们面前的是一个五颜六色的世界。在这股大潮的猛烈冲击下,社科工作者中不文明、不道德的行为和违法乱纪的行为会有所抬头。如男女非法同居、卖淫、嫖娼、吸毒等现象在一些地方已经出现。这会给我们的思想政治工作带来严峻的挑战。

四是高科技和信息化的发展，对社科工作者的思想意识形态管理工作提出了新的挑战。随着高科技的迅猛发展和信息时代的到来，特别是以数字压缩技术和卫星通讯技术为主要标志的信息技术的发展、互联网的运用，使信息传播的范围、传播的速度与效果都有显著扩大和提高，社科工作者获取信息的渠道倍增，这给社科工作者的思想带来前所未有的冲击和影响。同时，计算机网络的普及对传统思想道德教育的内容和方式也提出了挑战。西方国家利用互联互通的全球网络，推销其政治文化、道德观念、价值取向及腐朽的生活方式，其渗透性很大，对社科工作者的思想是个极大的冲击。如何切实有效地采取措施，防止各种有害、腐朽的信息传播，是新形势下社科工作者思想政治工作亟待开拓的新领域。

上述因素启示我们，在我国当前进行市场经济建设与世界经济加快融为一体的大环境下，增强社科工作者思想政治工作的实效性，仅仅靠社科工作者思想政治工作本身是不够的，要调动各方面的力量，凝心聚力。具体表现在：

第一，加强队伍建设，提高政治、业务水平，增强社科工作者的学习兴趣。

第二，正确认识社科工作者思想政治教育现实空间。"初级阶段"、"市场经济"是当前社会格局的最大前提，"社会的开放性"是当前社会的基本特征，社科工作者思想政治工作必须从上述现实出发，制定与现阶段相适应的发展目标、途径和方法。

第三，坚持正面的教育导向，用马列主义、毛泽东思想、邓小平理论、"三个代表"重要思想、科学发展观、习近平系列讲话精神武装社科工作者头脑,用社会主义初级阶段道德规范要求社科工作者。

第四,适应时代发展,加速信息化进程。要加大投资,加快信息化步伐,建立大数据库,发掘和利用信息资源。

三、社会大环境的影响

马克思、恩格斯曾指出:"人创造环境,同样环境也创造了人。"社科工作者思想政治教育工作作为哲学社会科学事业的一个重要组成部分,与社会环境之间存在信息能量的交换,二者之间存在着能动的互动作用。社科工作者思想政治教育影响着社会,同时社会环境的各方面因素对社科工作者思想政治教育加以制约和影响。社科工作者思想政治教育工作实际上总是在"社会环境——社科工作者"这一坐标系上进行的。社科工作者生活在具体的社会环境之中,他们受到社会环境的多方面、多样化的影响。因此,社会环境对社科工作者思想政治教育工作的影响作用是举足轻重的。

1. 社会环境中的主体精神与社科工作者思想政治工作目标的一致性

在建设中国特色社会主义的历史条件下,社会环境中的主体精神必然是映射出社会时代本质特征的爱国主义、集体主义和社会主义,必然体现出以全心全意为人民服务为宗旨的奉献精神,必然反映出拼搏进取、锐意创新的精神,必然体现出实现共产主义为最高理想的思想道德境界。社会环境的主体精神,是支配和指导人们发展社会主义市场经济,建设中国特色社会主义,最终实现共产主义的思想理论基础和强大的动力源泉与精神支柱。社科工作者思想政治教育的目的,就是用马列主义、毛泽东思想、邓小平理论、"三个代表"的重要思想、科学发展观、习近平系列讲话精神来教育社科工作者，指导社科工作者的实践，不断提高社科工作者的思想政治素质，促使他们真正成为中国特色社会主义的建设者。因此，社会环境中的主体精神与社科工作者思想政治教育的目的是一致的，二者之间的辩证统一表现在：一方面，社会环境中的主体精神是我国社会主义精神文明建设的本质，是发展社会主义市场经济和建设中国特色社会主义的客观需要。因此，它制约和规定社科工作者思想政治教育的目的。或者说，社科工作者思想政治教育的目的，是社会环境中主体精神在社科工作者育人过程中的集中反映。另一方面，社科工作者思想政治工作目的的实现，又进一步促进社会环境中的主体精神的发展。因为，社科工作者思想政治教育是以马列主义、毛泽东思想、邓小平理论、"三个代表"的重要思想、科学发展观、习近平系列讲话精神贯穿于整个教育工作之中，它以鲜明的先进性和有效的针对性，体现爱国主义、集体主义、社会主义这一思想政治教育的主旋律。社科工作者思想政治教育目的的实现，意味着社科工作者把社会环境中的主体精神已内化成自己的思想价值体系，并形成自身的自觉行动；意味着社科工作者把自己的思想行为有机地统一于建设中国特色社会主义的伟大实践之中，并在其中建功立业，以其自身的模范行动与表现出来的高尚思想道德情操，去感染和激励人，推动社会环境中主体精神的进一步发展。

2. 社会环境中的消极因素对社科工作者思想政治工作的冲击与影响

社会环境中的消极因素的本质是与社会环境中的主体精神、社科工作者思想政治教育的目的相对立的。它一旦渗透到社科界，就会产生巨大的冲击波,对社科工作者思想政治教育目的的实现带来严重的干扰,削弱"宣传、教育、启迪、激励、服务"的思想政治教育的功能。社会环境中的消极因素是以思想意识观念的形态渗透到人们的头脑中,对社会环境中的主体精神和社科工作者思想政治教育的目的产生巨大的反作用。党内出现的一些消极腐败现象与社会上的不正之风,个人主义、享乐主义、拜金主义的滋生与蔓延等,不断冲击着社科工作者思想政治教育工作,严重干扰社科工作者思想政治教育目的的实现。

在社科工作者思想政治教育中,思想政治教育者处于主导地位。在现实条件下,社科工作者思想政治教育者是马列主义、毛泽东思想、邓小平理论、"三个代表"、科学发展观、习近平系列讲话精神的宣传者、传播者与实践者,是社会主义精神文明的建设者。社科工作者正确的世界观、人生观、价值观的确立,是在其所处的宏观的社会关系及其微观的同事、同学、朋友等人际关系正确影响下形成的,而社科工作者思想政治教育者则在其中处于主导地位。他们是社科工作者的向导、良师、楷模、益友。正是通过他们的辛勤耕耘,使社会环境中的主体精神与社科工作者思想政治教育的目的,在社科工作者身上得到有机的体现。

社会环境中的消极因素会以各种方式影响或削弱社科工作者思想政治工作的积极性。尤其是在社会主义市场经济条件下,人们的价值观念发生了变化,价值取向呈现多元化;物质利益的驱动机制,出现了某些重经济效益轻思想政治、重知识才能的价值而轻视思想道德价值的倾向,造成社科工作者在对知识与能力关系理解上的倒错,往往对社会能力(如社会交往能力、组织管理能力、计算机实用能力等)培养和锻炼的热衷远远超过了对专业知识的追求。由于社科工作者在知识价值取向上的功利性,导致在自我塑造过程中急功近利的心态和行为,严重地影响了社科工作者的全面发展，同时阻碍社科工作者思想政治教育目的的实现。

家庭环境、单位环境是社科工作者共有的社会环境，它们对社科工作者的影响是统一的、全方位的。单位的思想政治教育虽然受社会大环境的影响和制约，但它在社会环境的各种消极因素面前，不是消极的、被动的，而是具有能动的反作用，在坚持和弘扬社会环境中的主体精神的同时，通过抵制和排除社会环境中消极因素的影响，来保证社科工作者思想政治教育目的的实现。所以，创造一个健康向上的环境，是搞好社科工作者思想政治工作的一个重要保证。

四、思想政治工作的实效性有待增强

面对新时期新形势的新要求，面对社科工作者的思想实际，我国思想政治教育工作仍然存在一些薄弱环节，针对性不强、实效性不够是存在的主要问题。

1. "以人为本"的思想不牢

在我们的日常思想政治教育工作中，往往管理多服务少，说教多引导少，重理论灌输轻实践锻炼，造成教育者和受教育者主客体错位，不能有效地保证社科工作者的主体地位和激发其内在活力。

2. 不能适应社科工作发展的需要

社科工作者的学习、成长过程是一个动态发展过程，有着自身的规律，特别是社科工作者在工作、生活等方面面临着巨大的压力，亟需得到有效的指导、帮助、咨询和心理疏导，而我们的思想政治工作难以为其解决实际问题提供指导和服务。由于当前思想政治教育内容与社科工作者的实际脱节,导致思想政治工作乏力。

3. 贴近社科工作者的思想实际不够

其主要表现为传统的灌输式说教多而引导、互动、参与少,思想政治教育载体创新不够。如社科工作者中普遍盛行上网络,而我们网上的思想政治教育工作还是一个薄弱环节。在教育环境上,没有形成"全员育人"的氛围。目前我国社科工作者思想政治教育工作存在一个误区,就是认为思想政治教育是一种独立的教育,可以脱离其他管理模式而独立存在,把思想政治教育与社科工作者的业务学习、科学研究、学术探讨、专业实践以及社科工作者的日常管理割裂开来,造成管理人员认识上的偏差。

概而言之,社科工作者的思想体系和价值观正随着社会主义市场经济的发展和改革开放的不断推进而发生着深刻的变化。从总体上看,当代社科工作者的思想状态是积极的,但是还是有不少社科工作者由于认识能力、实践能力的欠缺,经不起各种诱惑,出现了思想上的偏差。这在一定程度上降低了社科工作者对思想政治教育工作的信心。另一方面,社科工作者在实际工作和生活中,经常遇到一些困扰他们的实际问题,如生存压力、人际关系、理想与现实等,这些问题如果处理不当,可能会造成严重的后果。加之思想政治教育工作方式单一。原来思想政治工作的方式主要采用的是"我说你听"、"我压你服"、"我点你通"的单向灌输式。随着社科工作者自主意识、民主意识、参与意识、竞争意识的增强,有较强的自我表现欲,敢于直言自己的观点和看法,因此单向式灌输方法难以引起社科工作者心灵上的回应。

第四章

改革开放以来社科工作者思想政治工作的基本经验

思想政治工作是在正确理论的指导下，根据形势变化和时代要求，综合运用思想政治工作的科学研究方法和具体方法，调动人的积极性、主动性和创造性。改革开放以来，社科工作者在加强、改进和创新思想政治工作方面，坚持解放思想、实事求是，注重实效性和针对性，取得了显著效果，积累了丰富而宝贵的经验。总结社科工作者思想政治工作的基本经验，是今后创新工作的基础和依据。所以说，思想政治工作是与时俱进常做常新的工作。它的内在要求必须随着历史的发展、形势的变化和时代主题的变迁而不断充实新内容、开拓新境界。同时，思想政治工作是教育人、塑造人、提高人的工作，而人的思想观念、行为方式和个体素质也会随着社会政治、经济和文化的发展变化而不断变化。由此决定了新时期社科工作者思想政治工作的内容上必须有所突破。新时期社科工作者思想政治工作的内容必须以知识经济和全球化时代为世界大背景，必须以21世纪中国改革开放和社会主义现代化建设为社会背景，以当代社科工作者的自身特点为依据来设计和把握。

一、始终高度重视社科工作者思想政治工作

社科工作者是十分宝贵的人才资源，是民族的希望，是祖国的希望。加强和改进社科工作者思想政治教育，提高他们的思想政治素质，把他们培养成中国特色社会主义的建设者和接班人，对于全面建成小康社会，具有重大而深远的意义。新世纪是个人才争夺的世纪，谁拥有今天的优秀人才，谁就能把握明天世界的发展。因此，社科工作者思想政治工作的深入开展尤其显得更加紧迫。

马克思说人们的"行为的一切动力，都一定要通过他们的头脑，一定要转变成为他们的愿望和动机，才能使他们行动起来"。我们只有通过思想政治教育工作，把广大社科工作者的积极性、主动性和创造性充分调动起来，才能使国家和人民对社科工作者的期望和要求，变成他们的自觉的行动。当前，社科工作者思想政治工作的深入开展，要抓住《公民道德建设实施纲要》的相关要求，把"爱国守法、明礼诚信，团结友善、勤俭自强、敬业奉献"的公民道德规范作为社科工作者的行为规范，引导社科工作者主动学习马列主义、毛泽东思想、邓小平理论、"三个代表"重要思想、科学发展观、习近平系列讲话精神，以提高自己的政治理论水平和思想觉悟，自觉抵制当今社会流行的拜金主义、享乐主义、个人利己主义等腐朽思想的侵蚀，以职业道德、家庭美德和社会公德建设为落脚点，规范自己的行为，遵守公民基本道德，给全体公民做好榜样，做个合格的、高素质的社会主义公民，还应把爱国主义、集体主义、勤俭节约、自强自立、心理健康和中华民族的优秀传统美德作为思想政治工作的主要内容，深入贯彻"以德治国"的思想。

社科工作者思想政治工作若干问题的理性透析

长期以来,我们党十分重视德育工作的开展,也取得了十分可喜的成绩,但近年来,随着我国社会生活的变化,德育工作还存在一定的不足,如德育工作的评价手段单一和导向性不强,以及德育工作管理规范性差等德育工作从内容、方法、手段、机制等方面都过于落后,亟待创新。传统的德育工作还存在着针对性不强、教育内容重复,时代性不强、教育效果不显著等问题,这些问题直接影响了德育工作的效果,直接影响了育人的质量。因此社科工作者在进行思想政治工作时,应打破这个僵局,坚持德育的普及性、主体性、循序渐进性、规律性和知行统一性的原则,在思想政治教育的过程中,始终做到以身作则,贯彻以人为本的思想。

在社科工作者思想政治工作开展得是好是坏,关键是单位领导是否重视,是否仅仅流于形式,领导应该站在宏观管理的高度,应有针对性地制订出相应的思想政治工作的方针、政策、措施,应坚持以加强和改进社科工作者思想政治教育,坚持育人为本是中心,健康向上的文化是基础,改善管理服务是条件,加强队伍建设是保证思想政治教育的总体目标,只要目的明确,措施得当,广开言路,把解决思想问题与解决实际问题相结合,就能极大地调动广大社科工作者的热情,使他们积极向上,勇于探索,愿意为国家和集体争光。其次,各相关部门是思想政治工作顺利开展的保证。各相关部门协调、合作、齐抓共管,以身作则,做好相关工作,把思想政治教育贯穿到实际工作中去。

二、努力形成齐抓共管的工作格局

思想政治工作不能仅仅依靠少数专职思想政治工作者来完成,绝不能忽视其他力量的协调作用。社科工作者思想政治工作的良好局面,绝不是"单打一"的格局,而一定是协调一致、齐抓共管、注重合力的工作格局,需要全体社科工作者齐抓共管,共同努力,才能做好。社科工作者在建立齐抓共管体制方面,做了不少努力,但也存在一些问题,需要进一步采取措施来完善社科工作者思想政治工作的齐抓共管机制。只有纠正多数人"思想政治工作与己无关"的错误倾向,变"小政工"为"大政工",变"少数人抓"为"多数人管",才能充分调动各方面的积极性,做到专兼结合、主辅相配、多方协助、全员参与。

1. 加强合作和协调

一方面,加强党政协调,形成合力。从对社科工作者管理上说,政工人员不仅要负责社科工作者的学习、思想,还要负责社科工作者的日常工作,对社科工作者的思想波动、发展、变化规律和成因的研究相对投入较少。许多政工人员感到一天到晚都很忙,但真正对社科工作者的思想变动的引导和帮助却不够。这些都需要社科单位的党政统一协调,尽可能发挥机关工作人员的作用。如对社科工作者教育管理,可采取行政干预、政策倾斜、督促落实等手段,形成总支抓思想、行政抓管理的格局。

另一方面,发挥专业优势,开展思想政治教育。大多数社科工作者十分想出成果、出好成果,也能发挥自己的重要作用。此时进行专业教育,是一个让社科工作者了解党的优良传统的好机会。

2. 发挥思想政治工作领导小组的重要作用

第一,一提到社科工作者的思想政治工作不能认为这只是政工队伍的事,各职能部门除了要抓好本单位的业务工作外,还需要加强对社科工作者的思想政治工作。社科工作者与各职能部门有相当的业务接触,他们的工作态度和作风同样对社科工作者有很大影响。如果能了解社科

社科工作者思想政治工作若干问题的理性透析

工作者的工作及生活情况,掌握社科工作者在工作态度和学风建设中存在的问题和差距,就能培养社科工作者的责任感和使命感。

第二,应大力发挥离退休老干部的作用,使其在社科工作者思想政治工作中担任重要角色。老干部从事工作多年,不仅有丰富的工作经验,而且有继续为单位工作发光发热的热情,而且能够使我们可以学到许多为人处世的经验和方法。所以,老干部更易与社科工作者相处。如何利用这一财富,发挥他们的巨大作用,推动社科工作者的思想政治工作的进程,是值得我们去探讨和研究的,他们的空余时间多,与社科工作者接触机会多。只有动员广大干部职工的力量,团结一致,互相配合,充分发挥齐抓共管的力量,才能更好地推动社科事业又好又快地发展。

第三,社科工作者思想政治工作绝不仅仅是社科工作者的事情,它是全体社会成员共同的责任和义务。全党和全社会都应关心社科工作者的事情,社会各方面力量都要自觉地做好社科工作者的思想政治工作,以促进社会和谐发展。

三、着力建设一支高水平的思想政治工作队伍

政治路线确定之后,干部就是决定的因素。为保证思想政治工作各项任务的完成,保证党的路线方针政策和国家法律法规的贯彻落实,保证改革开放和现代化建设的顺利进行,必须建立一支高素质的思想政治工作队伍。我们党历来重视思想政治工作队伍建设,正是由于有一支坚强的思想政治工作队伍,充分发挥党的思想政治优势,把思想政治工作做到广大群众中去,才能赢得人民群众的真心拥护和支持,才能不断把

革命和建设从胜利引向新的胜利。在改革开放和发展社会主义市场经济的历史条件下,我们党依然需要培养和造就一大批自愿献身于党的思想政治工作的政工干部,从组织上保证党的路线方针政策的贯彻落实。

政工干部在社科工作者思想政治工作中发挥着重要作用。作为社科工作者思想政治工作的组织者和指导者,这支队伍能够全面贯彻党的大政方针,有效协调部门之间的利益冲突;作为思想政治工作的教育主体,这支队伍肩负着培养良好思想道德品质的任务,其政治立场、思想观念,对社科工作者具有潜移默化的影响。因此,努力建设一支政治坚定、业务过硬、素质全面的社科工作者思想政治工作队伍是非常必要的。

社科工作者思想政治工作队伍主要是指负责思想政治工作的人员。思想政治工作队伍素质的高低、力量的强弱,直接影响和制约着社科工作者思想政治工作效果的优劣。实践证明,只有拥有一支精干的思想政治工作队伍,社科工作者的思想政治工作才会获得强有力的组织保证和人力支持。因此,思想政治工作是做人的工作,队伍素质是决定工作成败的关键,如果没有一支政治坚定、业务精通、纪律严明、作风优良的思想政治工作队伍,就不能满足建设社会主义和谐社会的工作要求。

社科工作者思想政治工作队伍首先就要具有一定的政治敏锐性和坚定性,必须具备较高的政治素质和政治水平,能够自觉运用马克思主义的立场、观点和方法,分清社会重大原则问题上的是非界限。同时,由于思想政治工作是一门科学,有其特有的规律性,思想政治工作队伍必须具备一定的专业知识和工作经验,需要懂得思想政治工作的规律和特点。同时,社科工作者思想政治工作队伍还必须具有较高的事业心和责任感,要有热情和奉献精神,爱岗敬业。经过改革开放30多年的探索

社科工作者思想政治工作若干问题的理性透析

和实践，社科工作者思想政治工作队伍不断壮大，为社科工作者的稳定和各项工作的稳步推进起到了重要作用。当然，社科工作者思想政治工作队伍也面临着许多挑战和困难，在队伍数量、结构、素质、能力等方面还存在这样或那样的问题，这就要求各社科工作者必须根据实际情况，完善人员的培养、选拔、任用和考核等各环节，使思想政治工作队伍在动态中实现稳定、壮大和提升。为此，对思想政治工作队伍必须做好五个方面的工作要求：

第一，加强骨干队伍建设，提升思想政治工作者的战斗力。思想政治工作是思想的交流、政治的交锋，来不得半点虚假和含糊、忍让与退缩。"打铁必须自身硬"，要做好这项工作，政工干部必须有过硬的思想和业务水平，才能提升其在工作中抗击不良思潮的战斗力，使我们的政工干部能做到哪里有困难、哪里有问题就到哪里去的不畏艰难的精神。敢于挑重担，勇于承担责任，为了集体和职工的利益吃苦在前享受在后，在群众中处处率先垂范，起模范表率作用。

第二，以科学发展观为指导，激发思想政治工作者的创造力。创新，是一个民族的灵魂，是一个国家兴旺发达的不竭动力，也是一个政党永葆生机的源泉。思想政治工作者的创造力表现在针对职工中存在的诸如人生观、价值观、"热点"、"难点"问题不回避，应用科学的方法创造性地加以解决。增强创造力，要有坚定的理想信念、敏锐的政治洞察力。当然最主要的是要吃透"上情"，了解"下情"，并把它们有机结合起来，唯其如此，才能道"新论"、立"新意"，标新立异，让人心悦诚服。

第三，以"争当排头兵"活动为动力，增强思想政治工作者的感召力。古人云"其身正、不令而行，其身不正、虽令不从"。说明了感召力来自两个方面：一是自身正，这是"本钱"，在工作中起先锋榜样带头作用，严格自律的表率作用，用自身模范行为和人格魅力引领社会风尚。二是多做少说，这是品行，在工作中多干实事，解决群众关心的问题，为集体和群众的利益服务。思想政治工作者要在"争当排头兵"实践活动中走在前面，既做"知"的典型，又做"行"的楷模，把关心人、理解人、教育人、帮助人贯穿思想政治工作的全过程，积极营造堂堂正正做人、实实在在做事的良好氛围，才能赢得职工的支持和尊重，发挥思想政治工作的感召力作用。

第四，以加强理论学习为手段，提高思想政治工作者的说服力。思想政治工作讲的是道理，还要让职工心服口服。这就要求政工干部通过加强理论学习，在工作实践中不断总结。一是学习党的理论知识，用邓小平理论、"三个代表"重要思想、科学发展观、习近平系列讲话精神、十八大精神武装头脑，做到理论联系实际，学以致用。二是学习经济管理知识和法律法规，讲"内行"话，做实在事，既是生产管理的行家又是思想政治工作的专家。三是以身作则，处处以严要求、高标准来衡量自己，保持共产党员的先进性。能力强了，知识面宽了，说服有力了，干部职工才有可能信你。

第五，以"八荣八耻"为标准，增强思想政治工作者自身道德素质。要做好职工的思想政治工作，要求思想政治工作者自身必须具备良好的道德素养，唯有自己身正，才能服众，树立威信。这就要求我们的思想政治工作者必须树立社会主义的荣辱观，增强自身的道德素养，通过自己的努力和带头示范作用，在社科界形成"知荣明耻"、"扬荣抑耻"的道德追求和价值取向。

总之，培养和造就一大批优秀的思想政治工作干部，是关系到党的

社科工作者思想政治工作若干问题的理性透析

事业兴衰成败的重要问题，必须抓紧去做。我们要以高度的历史责任感和时代紧迫感，关心、支持思想政治工作队伍建设。要按照德才兼备原则和干部"四化"方针，大力选拔和培养高素质的思想政治工作干部。要从政治上、思想上、工作上、生活上关心政工干部，充分发挥好这支队伍的作用，努力创造思想政治工作岗位光荣、责任重大、社会尊重的良好环境，努力为政工干部安心工作提供有利条件。政工干部责任很大，工作难度很大，各级党委要理解支持他们的工作，既严格要求，又不求全责备，积极帮助他们总结经验，提高水平。政工干部要认识到自己的职业是光荣的崇高的事业，为之奋斗和献身是党和人民根本利益的需要。各级党委也要通过各种宣传，使人们看到，政工干部的工作与其他管理人才一样是创造社会价值的，他们在培养"四有"新人、保持社会安定团结、推动社会主义精神文明建设方面发挥着特殊重要的作用。

四、把解决思想问题与解决实际问题有机结合起来

我们党在思想政治工作中实行的一条重要原则，就是把解决思想问题与解决实际问题结合起来。思想政治工作是要解决人的思想问题，思想问题主要有两个方面，即思想认识问题和思想意识问题。思想认识问题主要指对周围人和事物的看法是否实事求是，是否符合辩证法，是否具有客观真理性，解决思想认识问题主要靠摆事实和讲道理。这方面的思想工作，只要摆出充分的事实，就能以事实教育人，只要讲透了道理，就能以理服人。思想意识问题，主要是指人的思想品质、动机、理想、道德和其他意识观念等。解决社科工作者的思想意识问题就要帮助社科工作者克服各种错误的思想意识。帮助社科工作者克服错误的思想

意识,这是一项很艰巨、很细致、难度相当大的工作,它要靠多方面的努力,反复地进行,才能取得较好的效果。在现实生活中社科工作者的思想问题,往往是认识问题与意识交织在一起的。我们解决思想问题,必要时还要给以严肃的批评,甚至开展必要的思想斗争,其目的在于帮助社科工作者克服各种不健康的思想意识。

社科工作者在学习和生活中所产生的各种各样的思想问题,除了一部分纯属认识问题和思想的意识问题外,在很多情况下都是实际问题引起的。所谓实际问题,主要是指现实生活中的实际困难和难以处理的实际矛盾,如经济困难、家庭困难等。我们在解决社科工作者的思想问题时,要注意同解决这些实际问题结合起来。如果只讲大道理,不注意解决社科工作者在生活学习中的实际困难和实际矛盾,思想政治工作就不能取得好的效果。因此,要把关心社科工作者生活,解决社科工作者的各种实际问题和困难,作为思想政治工作的一个重要组成部分。这样,思想教育工作就会有更大的说服力和感染力。我们既要反对不关心群众痛痒的官僚主义,也要反对自私自利的利己主义。要教育社科工作者正确对待有关问题,同时要教育社科工作者认识到只有加强学习,才能为今后工作创造良好条件。应当相信广大社科工作者是通情达理的,只要把道理讲清楚了,一些实际问题即使目前因某种原因一时还不能解决,也容易被群众谅解。

随着改革开放的不断深入,坚持解决思想问题与解决实际问题相结合,具有特别重要的意义,它直接关系到改革、发展和稳定问题。当前改革进入攻坚阶段,发展处于关键时期。我们加快改革开放,目的是提高社科工作者的理论水平。但在前进中面临不少问题和困难,出现了不少新情况和新变化,其中一些涉及社科工作者切身利益的矛盾比较突

社科工作者思想政治工作若干问题的理性透析

出。为此,我们必须认真负责,满腔热情地解决社科工作者工作和生活中的实际问题。实践表明,不解决思想问题就形不成团结的力量,不解决实际问题就没有广大社科工作者的理解、信任、支持和参与,这样改革就无法推进。所以,必须把教育引导群众与切实服务社科工作者结合起来,注意解决好社科工作者的实际问题。这样,思想政治工作才会有强大效力,才会在促进改革、发展和稳定方面发挥重要作用。

一是要关心社科工作者生活,诚心诚意为社科工作者排忧解难。对于社科工作者最为关心的问题,在生活和学习上的突出难题,要积极采取措施予以解决。要想社科工作者所想,急社科工作者之所急,办社科工作者之所需。要开展送温暖献爱心活动,把党和政府的温暖送到社科工作者心坎上。

二是要在工作中坚持群众路线,深入实际调查研究,把好事办实,实事办好。要广泛听取社科工作者对改革和发展的意见和建议,使重大决策更加科学,更加符合广大社科工作者利益;要从社科工作者中汲取营养,探求解决问题的办法,既要开拓进取,又要尊重客观规律,做到大胆工作与慎重从事的统一,尽力而为与量力而行的统一。经过努力可以办而不去办,是对党对人民不负责任;不顾实际情况和社科工作者承受能力,增加社科工作者负担强行去办,也是对党对人民不负责。

三是要把对上级负责和对社科工作者负责统一起来,绝不能把二者割裂开来,对立起来。我们党是人民利益的忠实代表,除了人民利益之外,再无自己的特殊利益。党的利益与人民利益的这种一致性,决定了对党负责和对群众负责的一致性。因此,我们要经常倾听社科工作者呼声,了解社科工作者情绪,关心社科工作者疾苦,同时也要反对无原则地迁就、迎合。对于社科工作者意见,合理的就接受,就去做;不合理的要进行说服,要做工作。要教育社科工作者顾全大局,正确处理个人、集体、国家利益之间的关系。

总之,在开展思想政治工作的过程中,要尽量满足社科工作者正当合理的需要,抑制不满情绪的滋生。对于应该解决而且有条件解决的实际问题要尽量解决;一时没有条件解决的实际问题,要积极创造条件予以解决,并使社科工作者理解和体谅;对于不合理的要求要进行说服教育。经过多年的实践,许多社科工作者已逐渐摸索出多种增强思想政治工作实效性的办法。例如,成立了"心理咨询中心"以及时化解社科工作者的心理障碍和心理问题。又如,部分社科工作者通过"领导接待日"、投诉台等载体,及时了解社科工作者的意见和困难,努力解决并及时反馈,有效地防范出现各种思想问题,最大程度地缓解矛盾。坚持解决思想问题与解决实际问题相结合,必须做到既讲透道理又解决问题,既以理服人又以情感人。

五、创新社科工作者思想政治工作的方式方法

创新是一个民族进步的灵魂,是一个国家兴旺发达的不竭动力。人类已经迈进 21 世纪,经济全球化、知识经济化、信息网络化、文化多元化,不仅给我国经济发展带来了新的机遇,同时也对我国的思想政治教育工作提出了严峻的挑战。因此,如何与时俱进,开拓创新,开创社科工作者思想政治工作新局面成为摆在我们面前的重大课题。

1. 创新方式方法:加强和改进社科工作者思想政治工作的关键环节

创新的前提就是必须对工作对象的特点要有清晰、准确的把握。事

社科工作者思想政治工作若干问题的理性透析

实上，社科工作者思想政治工作的对象比其他领域要复杂得多。同时，随着改革的不断深入，社科工作者与社会融合的程度日益加深，转型时期经济社会发展的变化给社科工作者带来了巨大的影响。在这种背景下，如果对社科工作者的思想和行为特征、心理状态等不能进行科学的分析，如果无视工作对象的特点和变化，那么，思想政治工作将很难真正发挥作用。另一方面，社科工作者思想工作还具有很强的时代特征。社科工作者分析和认识社会问题的能力都比较强，如果思想政治工作游离于时代之外，则其收效必将是十分有限的。因此，社科工作者思想政治工作必须始终坚持从实际出发，因时制宜、因地制宜、因人制宜，运用有效的方法和形式，分类实施，灵活多样地开展思想政治工作。社科工作者思想政治工作要多采取寓教于乐，寓教于理的形式，将思想性、知识性和趣味性有机结合起来，实由单向灌输向双向交流的转变。与此同时，要符合时代发展的要求，充分运用计算机和网络技术，发挥互联网的载体作用和交互功能，实现思想政治工作内容和手段的现代化。

2. 处理好继承与创新的关系：做好社科工作者思想政治工作的重要因素

继承和创新是一个问题的两个方面，继承是前提和基础，创新是发展和方向。创新不是无源之水，无本之木，它是建立在过去经验和成果基础上的，任何好的传统也都必须通过结合新形势、新任务不断充实完善，才会有生命力。江泽民同志曾经指出："加强和改进思想政治工作，过去行之有效的好传统、好办法要坚持，更重要的是要适应新情况，不断探索新的方式、方法、手段和机制。"这就充分说明了继承和创新的关系。

我们党在思想政治教育方面，积累了丰富的经验，需要我们总结提炼和不断弘扬。以毛泽东同志为代表的党的第一代领导集体用"全心全意为人民服务"这一简明通俗的用语概括了共产主义道德的核心,把它作为党和政府的最高宗旨,并贯彻下去。党的第二代领导集体针对改革开放出现的新问题,构建了社会主义精神文明建设的理论体系,坚持"两手抓,两手都要硬"的战略方针。党的第三代领导集体做出把依法治国和以德治国相结合的治国方略,并针对当前党风廉政建设中存在的问题,提出了"治国必先治党,治党务必从严"的观点。

创新的过程,就是对思想政治教育的规律性进行认识和把握的过程,而认识和把握思想政治教育的规律又是对过去的经验和成果进行分析、总结的结果。因此,继承优良传统,是实现思想政治教育创新的基础和前提。没有这个基础和前提,思想政治教育的创新就无从谈起。思想政治教育规律和其他规律一样,人们由于受主客观条件的限制,不可能穷尽对它的全部认识,所以,探求思想政治教育规律的过程,也是一个在实践中不断探索和创新的过程。可见,创新贯穿于思想政治教育的全过程,是思想政治教育永葆生命力的重要保证。

3. 坚持人本化理念:做好社科工作者思想政治工作的核心要素

社科工作者思想政治工作是一门科学,同其他学科一样,有其固有的规律和科学体系,也有在社会实践中与时俱进、开拓创新的特性。在经济全球化的大潮中,社科工作者肩负着建设中国特色社会主义的重任,思想政治工作的创新将是一个永无止境的持续过程。在实践中,我们只有与时俱进,以马克思主义理论为指导,不断更新思想政治工作观念,大力提高思想政治教育工作者自身素质,积极利用新的教育方法和手段,努力丰富和创新教育内容,致力营造一个良好的思想政治教育环境,才能不断增强社科工作者思想政治工作的实效,开创社科工作者思

社科工作者思想政治工作若干问题的理性透析

想政治工作的新局面。

第一,思想政治工作人性化

用思想互动代替单向灌输。注重人文关怀和心理疏导,用正确的方式处理人际关系,这是对新形势下思想政治工作提出的新要求。以人为本,必须注重思想互动,要虚心听取社科工作者的意见和建议,尊重他们的人格,尊重他们的能动性、自主性和创造性,采纳他们的合理建议;思想政治工作应当紧密结合社科工作者实际来进行,应当紧紧把握社科工作者的愿望、要求,要在社科工作者的思想认识和接受水平的基础上来进行;要尊重社科工作者的知情权和参与权,尽量让他们了解情况,听取他们的意见,以民主协商、讨论交流等平等方式来解决问题。不能只是居高临下地单向灌输,更不能只是要求社科工作者放弃自己的认识、意愿而去被动地适应和接受思想政治教育。

用事实引导代替片面宣传。要结合我国近年来经济社会发展的成果以及国际国内热点问题开展党的基本理论、基本路线、基本纲领、基本经验教育,使社科工作者及时深入地理解党和政府的大政方针,共同感受到党和政府始终把人民的利益放在首位,让社科工作者在思想上能和党保持一致,理解、拥护、支持党和政府制订的改革措施。要结合抗击雪灾、抗震救灾的感人场景大力弘扬以爱国主义为核心的万众一心、不屈不挠、友爱互助、自强不息的伟大民族精神,让社科工作者在感动中、在泪水中深刻地理解并铭记民族精神。要结合"赢在中国"、"年度经济人物"、"航天历程"等活动弘扬以改革创新为核心的时代精神。要结合"感动中国"、"中国骄傲"的评选活动深入开展集体主义、社会主义思想教育,倡导爱国守法、明礼诚信、团结友善、勤俭自强、敬业奉献的基本道德规范。

第二，思想政治工作细微化

要重视社科工作者心理素质和心理调节能力的培养。社科工作者是思维最敏锐的群体，面对纷繁复杂的社会现实和千差万别的社会现象，他们承受着各方面的压力，会产生不同程度的心理焦虑。这些压力和焦虑情绪一旦成为一种持续的不良心境，就会在心理上产生障碍。虽然社科工作者的心理问题不同于思想问题，但是如果得不到及时有效的疏导和调节，就会影响正常的工作和生活，直接影响思想政治教育的效果。因此应当加强心理素质教育服务、重视普及心理知识，帮助社科工作者分析和解决自身心理和人际关系上遇到的各种问题，消除心理障碍，提高适应社会的能力、心理调节能力和处理人际关系的能力；要尽快建立健全心理健康教育机构，建立以专业人士为骨干、以辅导员为依托、以社科工作者自律委员会为力量的主体教育模式，针对不同年龄、不同层次的社科工作者的特点开展有针对性的教育活动，帮助他们处理好各个方面的具体问题，引导社科工作者树立远大的理想和积极的人生态度，坦然面对成功和挫折。

要完善"思政网站"建设。部分社科工作者自尊而又敏感，遇到工作和学习上的困惑时，他们很少选择心理咨询等有效的沟通的方式，而是选择在互联网上和陌生人交流，而陌生人认识水平良莠不齐，这不利于社科工作者思想问题的解决，甚至于有可能误入歧途。因此要完善"思政网站"建设，比如设立网上党校、网上团校，设立理论学习、心理咨询、生活服务、问卷调查、心理测试、心灵驿站、在线答疑等，可以将广大社科工作者引入到相关的思想政治教育内容的讨论中，通过互动的形式增强对教育内容的认识和理解、内化信念，从而达到思想政治教育的预期效果。特别是对于问卷调查和在线答疑部分，要给予高度重视,不能搞形式主义,切实把思想政治教育工作及时做到社科工作者的心坎上。

第三,思想政治工作实践化

要加强社团活动建设。社团活动具有培养社科工作者发展特长、竞争意识、团队精神、自我生存能力的功能,要按照社科工作者思想政治工作的要求,通过各类文体娱乐活动、集体活动、党团组织活动、形势教育活动、先进事迹报告会、节日庆典活动等形式的社团活动,使社科工作者把业余时间有组织、有计划、有目的地应用到既增强自身素质,又有利陶冶情操、锤炼意志的活动中,培养平等意识、诚信意识、创新意识、团队意识、义利统一观念、效益观念、法制观念等,强化与人为善、互助友爱等良好品德;进一步提高社科工作者自我教育、自我管理、自我服务和创新学习的能力。

要开设生动活泼的实践活动。首先,要注重社科工作者道德情感的培养,例如,要把灌输爱国主义与带领社科工作者参观大型建设工程相结合;把法制教育与带领社科工作者参观监狱禁毒展等活动相结合。其次,要通过各种实践活动培养社科工作者的社会责任感,鼓励社科工作者"走出去",参与社会服务,参加社区服务活动,开展环保服务、社会调查活动。进一步促使社科工作者与时代同步伐、与祖国共命运、与人民齐奋斗,做社会主义的合格建设者。

总之,思想政治工作的效果如何,最终取决于社科工作者的接受程度。影响其接受程度的一个重要因素就是社科工作者思想政治工作的方法和形式。社科工作者均属于高层次的知识分子,对其开展思想政治工作的复杂性和难度是显而易见的。如果社科工作者思想政治工作不能在原有的或传统的工作思路上加以完善,而仍然采用传统的方法和僵化的形式开展工作,完全不顾及工作对象的特点和时代的发展变化,年复一年,日复一日,则只能增加社科工作者的厌烦感,必然使思想政治教育的效果大打折扣。因此,我们必须从实际出发,不断创新社科工作者思想政治工作的方法和形式。

第五章

社科工作者思想政治工作的基本框架

思想政治工作要服务于党的总目标和总任务。它必须以党的路线、方针、政策为指导，才能正确、有效地开展实际工作。在社会主义市场经济条件下，加强和改进思想政治工作，必须坚持以马列主义、毛泽东思想、邓小平理论、科学发展观、习近平系列讲话精神为指导，以贯彻党的基本路线为方针，把理想信念教育作为思想政治工作的核心内容，培养有理想、有道德、有文化、有纪律的社会主义公民。在新的形势下，思想政治工作具有广泛的内容，包括：以党在社会主义初级阶段的基本理论、基本路线、基本纲领为主要内容，进行党的政策方针导向教育；以世界观、人生观、价值观为主要内容，进行社会主义道德风尚教育；以爱国主义、集体主义、社会主义为主要内容，进行中华民族灿烂历史、优秀传统文化和中国国情的教育；以"三个代表"重要思想为内容，进行党的先进性思想教育，以及共产主义理想、信念教育，党性党风党纪教育，党的群众路线的教育，社会公德、职业道德、家庭美德教育，等等。

一、理想信念教育

从科学文化知识方面来说，社科工作者已经掌握了一定程度的科学文化知识。他们广泛地接触社会和参与各种社会活动，他们的人生阅历十分丰富；对人生的体验和思考也比较深刻。尤其是在社会主义市场经济条件下，各种思想观念相互交汇、相互冲撞和相互激荡。新生的进步的东西会催生、涌动；而消极的、腐朽的、落后的东西也会沉渣泛起。在社科界里，一旦放松对社科工作者的思想政治工作，不注重用马克思主义思想去占领他们的头脑，那么非马克思主义，甚至反马克思主义的东西就会乘虚而入。所以，必须加强对社科工作者进行马列主义、毛泽东思想、邓小平理论、"三个代表"重要思想、科学发展观、习近平系列讲话精神的教育和正确的理想信念教育，以使他们在社会主义现代化建设中更好地发挥重要作用。

1. 加强理想信念教育意义重大

理想信念是人们对未来的向往和追求，是人们的政治立场和世界观在奋斗目标上的集中体现。崇高的理想信念是一种强大的精神力量，它会给社科事业的发展产生重大影响。随着改革开放的不断深入，国际形势的风云变幻，部分社科工作者的理想信念发生变化，加强理想信念教育成为社科工作者思想政治教育的核心内容，也将成为社科工作者健康发展的关键和基础。

第一，社科工作者理想信念的现状。

一是重视物质利益，淡化理想信念。市场经济是一种利益导向型经济，我国经济体制的改革一方面通过对个人利益的肯定，导致了人们利益意识的觉醒，另一方面通过制度保证了公民合法利益的实现。社会对物质利益的重视，对社科工作者价值观念、消费观念的形成和演变产生了重大影响，追求物质利益已不再是一件羞耻的事情。但一些社科工作者却走向追求物质利益的极端，把"金钱至上"、"当官发财"作为自己人生追求的最大目标，淡化了对远大理想的追求，贪图享受、不思进取、崇尚金钱，出现了信仰危机。

二是重视个人理想，忽视社会责任。社科工作者在价值判断上很多都认同奉献精神、社会责任感、国家和集体利益，但在实际行动中，却更加注重自我发展、自我实现，更加关注个人健康、幸福、名誉、地位、前途、发展、爱情、家庭等，对自己应当承担的社会责任关心不够。

三是重视生活理想，忽视道德理想。很多社科工作者认为，在知识经济时代，以及激烈的竞争环境下，拥有健康的身体、丰富的知识、过硬的技术、较强的能力就足够了，就能够顺利地实现自己的人生理想与目标，至于德行修养问题，做到遵纪守法就可以了。当代社科工作者崇尚知识能力，重视生活理想的确立和追求，看不到道德修养、道德品质在人生与成才道路上的积极作用，忽视道德修养，忽视规范，社会公德意识差。

四是社会政治理想模糊。一个国家、社会的政治理想分为共同理想和最高理想两个层次。党中央、国务院明确指出："要确立在中国共产党领导下走中国特色社会主义道路，实现中华民族伟大复兴的共同理想和坚定信念，要树立共产主义远大理想，确立马克思主义坚定信念。"由于前苏联和东欧社会主义国家的剧变带来的深远影响，使得社会主义事业跌入了一个新的低谷；由于市场经济给社会主义信仰造成的冲击以及传统社会主义观念与社会主义发展过程中对重大现实问题理论阐述滞后性的相互影响,造成社会主义理论在一定程度上的混乱;由于当代西方资本主义国家相对稳定发展,较大提高了社会生产力,使得部分社科工作者对社会主义的发展存有怀疑,对社会主义的优越性失去信心,政治信仰发生了动摇。

第二,社科工作者理想信念存在问题的根源

一是国内外环境的影响。从国际环境看,经济全球化的发展不仅带来货物、服务、资本、人员等在各国之间的频繁流动,而且带来思想意识、价值观念、行为方式在世界范围的激烈碰撞。西方的个人主义、拜金主义、享乐主义等思想侵蚀到社科工作者的价值观领域是不可避免的。从国内形势看,随着对外开放的不断扩大、社会主义市场经济的深入发展,我国经济成分、组织形式、就业方式、利益关系和分配方式日益多样化,人们思想活动的独立性、选择性、多变性和差异性日益增强。这有利于社科工作者树立自强意识、创新意识,但也会带来一些不容忽视的负面影响。思想领域的复杂矛盾和斗争会更多更直接地反映到实际工作中,影响着社科工作者的思想观点、价值取向和行为方式。一些消极落后的政治观点、价值观念和各种错误思潮以及腐朽思想文化,通过多种渠道对社科工作者的思想产生冲击、渗透和影响,使有的社科工作者不同程度地存在政治信仰迷茫,理想信念模糊,价值取向扭曲,缺乏为国家、为民族发展做贡献的远大目标和应有的社会责任。

二是社科工作者自身的弱点。首先,当代社科工作者大部分是独生子女,家庭环境优越,从未经受过艰苦生活的磨炼,很多人过着"饭来张口,衣来伸手"的生活,这往往易于使他们形成自私自大、只讲索取不愿奉献、害怕艰苦、贪图享受等心理,这些心理不可避免地会在其人

社科工作者思想政治工作若干问题的理性透析

生价值观及理想信念中反映出来。其次，当代社科工作者虽然掌握了大量科学文化知识，但部分社科工作者对马列主义、毛泽东思想、邓小平理论、"三个代表"重要思想、科学发展观、习近平系列讲话精神等科学理论知识知之较少。因此，在纷繁复杂的社会环境中不能运用马克思主义的世界观、人生观和价值观分析判断社会现实问题，容易导致理想信念的选择中出现问题、出现偏差。最后，当代社科工作者的社会实践能力欠缺。就广度而言，他们的实践更多地局限于人际交往、学习、科学研究等方面，实践面相对狭窄，内容单一；就深度而言，他们的实践仅仅接触到个人生存发展的一些现实问题，而较少涉及深层次的道德标准、价值标准等理性层次的问题，极少触及社会发展的深层次问题。这种社会实践水平的局限，决定了社科工作者在理想信念问题上，常常困惑于现实与理想之间的差距，显现出强烈的"自我性"，对社会价值理念层面的深层问题缺乏理性的思考和把握。

第三，加强理想信念教育对社科工作者健康发展意义重大

理想是对美好未来的设想，是有根据的、合理的、可以实现的想象或期望，是人们的世界观、人生观和价值观在人生奋斗目标上的集中表现。信念是指人们对现存的或可能的事物、观念等的正确性和正义性坚定不移的确认和笃信，是人们在生活实践中实际地体验了怎么想和怎么做才有益、有效的基础上，自然地形成的一些思考和行动的模式。当它成为人的一定的总体性、普遍性的观念和态度时，信念就成为信仰，并且人们以此作为自己行动的指南。当代社科工作者正处于改革的关键时期，是富于理想的阶段，也是信念成熟的关键时刻。他们是祖国的精英，是全面建成小康社会的重要力量，是全社会精神文明建设的一支重要力量。他们的信仰如何，将直接关系到全面建成小康社会和中华民族

的伟大复兴的实现。我国社科界的一项重要使命是对社科工作者进行思想政治教育,其核心是开展理想信念教育,使社科工作者把握社会发展规律,认清国家前途命运,认识自身的社会责任,确立走中国特色社会主义道路,坚定为实现中华民族伟大复兴而奋斗的远大理想。社科工作者理想信念教育有一个内化的过程,其终极目标是使社科工作者逐步形成把个人利益与党和国家的利益、与社会发展的趋势和时代要求相统一的人生观和价值观。

一是从社科工作者自身的特点的角度分析加强理想信念教育的重要意义。当代社科工作者生活条件优越,从某种程度上说,他们生活在人为的"理想"环境中,缺乏人际交往的训练和现实环境的磨炼。由于这种情况,原来比较直接的"理想目标"的教育,就不太适应对现实了解不深的情况了。如果说过去只要为人们描绘一幅美丽的远景目标就可以激发他们的理想的话,那么现在更加重要的是让社科工作者进一步了解现实,脚踏实地地为理想而勤奋工作。理想信念在人的主观精神世界中居于核心地位,起着主导和统领的作用,所以我们必须加强对社科工作者的社会主义理想、共产主义信念教育,让社科工作者明确自身的历史使命,用科学的发展观武装自己,设计完美健康人生目标。

二是从社科工作者所处的社会环境的角度来分析加强理想信念教育的重要意义。随着对外开放的不断扩大和经济全球化进程的日益深入,社科工作者面临着大量西方文化思潮和价值观念的冲击。如果说在过去只要进行单一的理想信念教育就可以的话,那么现在必须帮助他们在多种思想意识和价值观念中进行比较、鉴别和选择,通过他们自己的独立思考,形成自己的观念,树立自己的理想,确立自己的信念。我们必须在正视利益差异和承认合理的个人利益的基础上,引导社科工作者把个人成长与国家和社会的利益联系在一起,通过为人民服务和为社会做贡献实现自己的理想和人生价值。所以,从社科工作者所处的社会环境来看,必须加强对他们进行马列主义、毛泽东思想、邓小平理论、"三个代表"重要思想、科学发展观、习近平系列讲话精神的教育,增强其明辨是非的能力,坚定正确的政治立场。

三是从社科工作者未来重要作用的角度来分析加强理想信念教育的重要意义。人才和知识在经济发展,特别是在知识经济的发展中占有十分重要的地位。社科工作者是拥有现代科学知识的人才群体,这就决定了他们在经济发展中将发挥重要的作用。在一定意义上说,社科工作者是知识和科技创新的主体。他们已经掌握了比较系统的现代科学知识,这为他们日后进行新的知识和科技探索、创新奠定了基础,同时也决定了对社科工作者进行理想信念教育,树立马克思主义世界观、人生观、价值观的极端重要性。

2. 理想信念教育要建立在科学发展的基础之上

理想信念是人们对未来的向往和追求,是其世界观和政治立场在奋斗目标上的集中体现,是确立人生价值取向的最高准则。对社科工作者进行理想信念教育,决定于哲学社会科学事业发展的根本任务。社科工作者只有具有远大的理想信念和坚定的事业追求,才能产生经久不衰的动力。

社科工作者肩负着实现中华民族伟大复兴的重要责任,他们的理想信念如何,直接关系到国家的未来和兴衰。社科工作者应从培养合格的社会主义建设者的战略视野出发,切实把社科工作者理想信念教育摆在重要议事日程上,落到实处。培养社科工作者的理想信念,要坚定不移地进行科学理论教育。没有理论上的成熟,就不会有政治上的坚定和理想信念的坚定。社科工作者对马克思主义、社会主义的信仰，有一个由感性到理性的发展过程。只有在理性阶段，才会认识到马克思主义是真正的科学，从而把对它的信仰建立在科学认识的基础之上，这样的信仰才靠得住。

进行科学理论教育，就要加强对社科工作者的马克思主义、毛泽东思想、邓小平理论、"三个代表"重要思想、科学发展观、习近平系列讲话精神的教育，要加大党的基本理论、基本路线、基本纲领和基本经验教育的力度，引导社科工作者认清社会发展的客观规律和历史发展的必然趋势，把理想信念建立在科学基础之上，为建设中国特色社会主义而勤奋学习和工作。培养社科工作者的理想信念，要坚持不懈地培养科学的思维方式。从最根本的意义上讲，就是使社科工作者自觉地运用马克思主义的立场、观点、方法观察国家命运，分析问题和解决问题。要做到这一点，需要培养科学的思维方式，掌握辩证分析的方法。这样，才能为社科工作者树立社会主义理想信念提供理论与实际相结合的思想方法和认识逻辑，提高认识问题和分辨是非的能力，把握事物本质，进而有利于拓宽社科工作者的政治视野。培养社科工作者的理想信念，要充分发挥社科工作者的主体作用，持之以恒地贴近社科工作者思想、情感的实际，紧密结合社科工作者的学习、工作、生活、心理健康等，全方位、全过程地开展。首先，要把理想信念教育与关心社科工作者的利益需求结合起来。理想信念教育既要引导他们正确对待深化改革中利益关系的调整，自觉把个人理想、前途、利益融进国家、民族的根本利益之中，坚决反对个人利益至上的错误思想，又要十分重视他们的正当利益需要，千方百计地解决他们在实际工作中所遇到的各种实际困难和问题，让他们在深切感受中坚定正确的理想信念。其次，要把理想信念教

社科工作者思想政治工作若干问题的理性透析

育与澄清社科工作者的模糊认识结合起来。社科工作者发展过程中会有不少困惑和疑虑，甚至会产生一些深层次的思想问题，对这些问题，要联系实际进行具体、深入、细致的分析，用反映社会前进和发展的价值取向的事实说话，解疑释惑，达到强化社科工作者理想信念的目的。最后，要把理想信念教育与组织社科工作者参加社会实践结合起来。社科工作者只有在学习科学文化知识的同时，积极参加社会实践，更多地了解国情，了解社会主义建设和改革的实际，了解人民群众的思想感情，才能树立起为社会主义祖国而献身的信念。

3. 社科工作者理想信念教育应处理好的几个关系

第一，核心价值体系与和谐文化建设的关系

正确的核心价值体系是和谐文化建设的核心与灵魂。党的十六届六中全会通过的《中共中央关于构建社会主义和谐社会若干重大问题的决定》中明确指出："社会主义核心价值体系是建设和谐文化的根本。""马克思主义指导思想，中国特色社会主义共同理想，以爱国主义为核心的民族精神和以改革创新为核心的时代精神，社会主义荣辱观，构成社会主义核心价值体系的基本内容。坚持把社会主义核心价值体系融入国民教育和精神文明建设全过程、贯穿现代化建设各方面。""坚持以社会主义核心价值体系引领社会思潮，尊重差别，包容多样，最大限度地形成社会思想共识。"从这些表述中，我们可以清楚地认识到，核心价值体系建设上是有层次性的，其中既有针对今天社会中的先进分子理想素质要求的内容，也有覆盖社会全体成员理想信念基本要求的内容，这里存在着最高理想同当前我国各族人民的共同理想的区别，存在着核心价值体系与多样性和差别性思潮的区别。然而，这些都是相互联系、相互结合前提下的区别，是阶段性、层次性的区别，从和谐文化建设所要达到的社会思想共识上讲是没有区别的。

核心价值体系——包括理想社会和理想人格的基本价值取向，在精神文明建设以及和谐文化建设中居于核心地位，起着精神支柱的作用。首先，任何时代的核心价值体系都主要体现在这一时代人们的理想追求上。核心价值体系作为一种自觉意识，既是一定时代各种思想观念的聚合点，又具有认识上的超前性和先进性。人们对核心价值体系的认同和实现，体现着社会和人生的最高价值。其次，核心价值体系对于精神文明以及和谐文化其他要素的内涵和取向具有制约、导向和规范的决定性影响。和谐文化的其他要素和人自身的其他精神品质，都取决于社会理想和道德理想的状况，取决于核心价值体系的状况，这些要素和品质，一旦与理想的核心价值体系的总体要求相脱节，更不用说相背离，社会精神生活和人的精神面貌势必发生混乱乃至畸变。再次，核心价值体系是从最高层次上衡量一个国家、一个民族、一个人的精神素质、思想水平的标志。人们对自己选择的核心价值体系愈是成熟，愈是坚定，他们改造世界和改造自我的自觉性也就愈高，他们的社会价值和生命价值也就愈能实现。因此，邓小平在讲到培育"四有"新人时曾经深刻地指出："其中我们最强调的，是有理想……我们过去几十年艰苦奋斗，就是靠用坚定的信念把人民团结起来，为人民自己的利益而奋斗。没有这样的信念，就没有凝聚力。没有这样的信念，就没有一切。"只有在崇高正确的核心价值体系之光的普照下，社会主义精神文明才能开出绚烂多姿的花朵。

在当前和今后一个相当长的时期内，只有坚持用马克思主义中国化的最新成果武装社科工作者，用民族精神和时代精神凝聚力量、激发活力，倡导爱国主义、集体主义、社会主义思想，加强社科工作者理想信念教育,加强国情和形势教育,不断增强社科工作者对中国共产党的领导、社会主义制度、改革开放事业、全面建成小康社会目标的信念和信心,才能在弘扬民族优秀文化传统,借鉴人类有益文明成果的基础上,倡导和谐理念,培育和谐精神,进一步形成全社会共同的理想信念和道德规范,奠定社科工作者与广大人民群众一道团结奋斗的思想道德基础。

第二,理想追求与现实利益的关系

强调社科工作者要有理想,确立为建设中国特色社会主义奋斗的共同核心价值取向,是不是讲"空话"、"大话"?和谐文化建设是不是一种不切实际的"虚假建设"?理想追求和现实利益是不是一种"义与利两者不可兼得"的两难选择?这是对社科工作者进行理想教育需要回答的问题。应当承认,理想与现实确实存在着明显的差别甚至矛盾。因为理想是主体对未来的设想和期望,它是一种具有现实可能性的东西;而现实则是此时此地客观存在着的东西,具有直接的现实性。理想还具有扬弃现实、超越现实、高于现实的特性,由于现实不能满足主体不断增长的需求,才推动主体为了追求理想而不断变革现实、再造现实。没有超越现实的理想,便不会有超越现实的行动。实现理想的过程也就是不断认识和解决理想与现实之间矛盾的过程。

但是,理想与现实之间也必然是存在统一性的。科学理想的构建必然是现实的产物,必须是由现实的发展来检验,并且会发展成为未来的现实。现实是理想的生长点,而理想又是现实发展的灯塔。人类社会的一切现实活动,都是在这种或那种理想的指引下进行的,都是把理想目标作为自己现实的思想和行动的规范和动力。把理想和现实截然分开,认为前者是虚幻的,后者才是实在的,这种理想虚无主义和实用主义的观点，完全抹杀了理想与现实相统一的客观事实。古往今来的社会生活表明，理想与现实从来是相互包容、相互转化的。理想中包含着现实的成分，现实中又蕴藏着理想的因子；今天的现实是历史上理想的实现，今天的理想是未来的现实，又是未来新的理想的现实基础。在现实生活中，根本就没有只关心现实利益而没有任何理想追求的人，同样在社会活动中，也不存在只有不同利益的冲突而没有不同理想斗争的事例。即使是像马克思所讲的那种"用对钱袋子的影响来衡量每一种活动"的人，事实上也在追求一种拜金主义的理想，只不过这种所谓的"理想"根本不能适应时代的发展，也与高尚人格的形成相背离。

理想作为一种超前性、导向性的观念现象，同其他精神现象比较，有其更高层次的抽象性和典型性。相对于现实的利益，理想必须以更加理性、更加完善的形态表现自己。从这一点来看，理想似乎有时给人一种"虚幻性"的感觉。但是，任何一种科学的理想都不是"神奇的预言"，都不应当使人感到虚无缥缈、高不可攀，都应当具有现实性、具体性；理想应是一个由多层次、多阶段组成的有机的系统结构，人们能够在现实生活中加以认识和把握，从而一步一步使其成为现实目标，从这一方面看，理想又是实实在在的东西。党的十六届六中全会确定的社会主义核心价值体系就具有这样的品格。它既是崇高的，又是体现在现实的经济、政治、文化、社会生活的各个方面的，体现在现实的人的思想道德、精神面貌、工作作风、行为方式之中的。问题的关键在于，对社会主义核心价值体系的认识和实践有无自觉性以及自觉程度如何。因为社会主义核心价值体系是一种高度自觉的主体意识，它需要经过自觉的理性思维和自觉的创造活动，才能加以把握和实现。

从现实意义上说，理想作为超越现实的更高的目标，也是表现为过程而存在的。它的层次越高,实现的过程就越长。今天,建设社会主义和谐社会是我们全党的崇高理想,为这一理想而奋斗是中国共产党人的核心价值观的体现。但是,建设社会主义和谐社会这一崇高的理想的实现不是一蹴而就的,必须经历漫长的、艰难的、曲折的过程,和谐社会的崇高理想既是一种未来的美好社会描述,又是现实的具体的活动,它贯穿于社会主义现代化建设的全过程。在这一历史进程中,将不可避免地呈现为不同的发展阶段,而在不同的阶段也就会提出不同的要求,即存在着长远理想与阶段性理想的区分。我们绝对不能把高一阶段的理想追求拿到现阶段来超前实现,而应当首先为实现现阶段的目标而努力。同时,在规划阶段性理想目标时,也不能背离和谐社会理想目标这个主旋律的方向。由此可见,和谐社会理想目标体现了科学性与创新性的统一、先进性与现实性的统一、抽象性与具体性的统一。

第三,理想教育的广泛性与先进性的关系

在理想教育工作中,如何处理对少数人的先进性教育与对多数人的广泛性教育的问题,无疑是一个必须认真解决的重要问题。在这个问题上,必须坚持一切从实际出发,区别对待,分类指导,鼓励先进,照顾多数,把先进性的理想要求同广泛性的理想要求结合起来。这样才能引导社科工作者积极向上,不断提高全体社科工作者的思想道德水平。

一是坚持正确的理想信念教育,增强全体社科工作者的社会责任感。对社科工作者的理想教育必须坚持以马克思列宁主义、毛泽东思想、邓小平理论、"三个代表"重要思想、科学发展观、习近平系列讲话精神为指导,深入贯彻党的教育方针,紧密结合全面建成小康社会的实际,以理想信念教育为核心,以爱国主义教育为重点,以思想道德建设为基础,以社科工作者全面发展为目标,坚持以人为本,贴近实际、贴近生活、贴近社科工作者，努力提高思想政治教育工作的针对性、实效性和吸引力、感染力。社科工作者的理想信念教育必须坚持社会主义的核心价值观不动摇，这既是中国特色社会主义建设事业的崇高理想的必然要求，也是切合实际的理想要求，因为它符合实际，符合全国人民的共同利益。只有坚持这个理想信念不动摇，才能帮助社科工作者增强社会责任感，引导社科工作者树立远大理想，确立马克思主义的坚定信念，并把民族精神和时代精神结合起来，培养爱国情怀、改革精神和创新能力。应当相信，这些理想信念的要求经过积极引导、努力工作，大多数社科工作者是应该做到的，也是能够做到的。

二是理想教育必须贯彻从实际出发和区别对待的工作方针。对社科工作者的理想教育必须结合实际，有针对性地帮助社科工作者处理好学习、工作、交友、健康生活等方面的具体问题，提高思想认识和精神境界。必须注意的是，贯彻从实际出发和区别对待的工作方针，是积极的，而不是消极的，是为了切实有效地提高社科工作者的思想素质，而不是迁就落后，淡化理想，逃避崇高。邓小平同志曾经指出："我们在鼓励帮助每一个人勤奋努力的同时，仍然不能不承认每个人在成长过程中所表现出来的才能和品德的差异，并且按照这种差异给以区别对待，尽可能使每个人按不同的条件向社会主义和共产主义的总方向前进。"这就是既承认差别，又鼓励上进。因此，对社科工作者的理想信念教育必须在解决实际问题的基础上，认真提出基本要求，深入开展爱国主义、集体主义教育，加强道德建设，树立正确的世界观、人生观、价值观。只有这样，社会主义的核心价值体系才能在社科工作者的土壤中生根结果，广大的社科工作者才能为一个更加崇高的目标所吸引，形成能够凝聚人心的最强大精神力量。

社科工作者思想政治工作若干问题的理性透析

三是必须坚持共产主义的理想信念教育不动摇。对于社科工作者来说，在任何时候都必须坚持共产主义的远大理想，而且必须身体力行。《中国共产党党章》明文规定："中国共产党党员必须全心全意为人民服务，不惜牺牲个人的一切，为实现共产主义奋斗终生。"社科工作者必须履行"发扬社会主义新风尚，提倡共产主义道德"的义务。社科工作者如果不去用这些要求规范自己的言行，就会丧失先进性。社科工作者坚持共产主义理想信念不应有丝毫的犹豫和动摇。因此，党的各级组织应当始终高举共产主义的旗帜，用共产主义的理想道德约束社科工作者的言行，大力弘扬"全心全意为人民服务"，"个人服从组织"，"毫不利己，专门利人"的思想。邓小平同志曾经尖锐地指出："现在已经进入社会主义时期，有人居然对这些庄严的革命口号进行'批判'，而这种荒唐的'批判'不仅没有受到应有的抵制，居然还得到我们队伍中一些人的同情和支持。每一个有党性、有革命性的共产党员，难道能够容忍这种状况继续下去吗？"因此，要对社科工作者进行党的先进性教育，充分发挥他们在哲学社会科学事业中的骨干带头作用和先锋模范作用。

二、道德教育

道德是社会文明发展的基石，同时也是人与人之间交流的行为规则。道德教育是思想政治教育的重要内容，但是，长期以来，在社科工作者的道德教育中，存在着理论脱离实际、知识与行为相分离的现象。新时期社科工作者的道德教育，应围绕公民道德教育来进行。一是要围绕公民道德建设的主要内容和公民应当遵守的基本规范来进行教育。

《公民道德建设实施纲要》指出："从我国历史和现实的国情出发，社会主义道德建设要坚持以为人民服务为核心，以集体主义为原则，以爱祖国、爱人民、爱劳动、爱科学、爱社会主义为基本要求，以社会公德、职业道德、家庭道德为着力点。"这是公民道德建设的主要内容，也是我们社科工作者道德教育的主要内容。《公民道德建设实施纲要》提出的"爱国守法、明礼诚信、团结友善、勤俭自强、敬业奉献"，这二十个字是我国公民应当遵守的基本道德规范，也是当代社科工作者道德教育的重要内容，要通过教育使这些基本道德规范真正深入到每一个社科工作者的内心，并落实在具体的道德行为上。要重视社科工作者道德的养成。养成是一个过程，而过程则是在一定的环境下完成的。社科工作者的道德养成，同公民道德建设结合起来，就可以让社科工作者在公民道德的养成中受到教育。同时，要从教育活动、社科工作者生活以及社科工作者的生产劳动实践等方面有意识地对社科工作者道德养成加以引导，促进社科工作者道德养成。但也应该看到，社科工作者具有较高的科学文化水平，社会和人民对社科工作者有着更高的道德期待。我们的社会更需要具有知识理性的人成为社会道德理想人格的资源，社科工作者应当在这方面起带头作用。

1. 注重道德教育的过程

社科工作者是祖国的栋梁、民族的希望。培养高素质的社科工作者，对于全面建成小康社会、实现中华民族伟大复兴和"中国梦"具有十分重要的意义。社科工作者的道德面貌如何，是关系到祖国的前途和命运、关系到社会主义事业兴衰成败、关系到能否走中国特色社会主义道路的大事。因此，研究社会主义市场经济条件下社科工作者的道德状况，探讨社科工作者的道德教育对策，是社科工作者德育工作的艰巨任务。

第一,要对当前社科工作者的道德状况有一个正确的估计

社科工作者的道德状况,直接反映了思想政治教育的成效。它既是检验社科界德育水平的客观标准,也是社会文明程度的一个缩影。客观准确地评判社科工作者的道德水平,有助于思想政治工作者正确审视道德教育的得失,也有利于社科界德育工作的改善。改革改革开放以来,我国在社会主义精神文明建设方面做了大量有益的探讨和实践,社科界的思想道德教育也取得了一定的成绩。社科工作者热爱祖国,关心祖国的前途和命运,关注世界的变化,具有强烈的民族自豪感和历史责任感。他们热心公益活动,开拓进取,勇于奉献,在关键时刻能够挺身而出,这是社科工作者的主流。然而,市场经济在促进社会经济发展的同时,又对社科工作者道德工作的提出了严峻的挑战。市场经济体制在我国的建立和发展,不仅影响和改变着社会的经济生活,也引发了人们价值取向的深刻变化。

对当代社科工作者而言,市场经济的冲击既有其积极作用,但也给他们带来了消极影响。一是市场经济的自主性强化了社科工作者的自主意识,但同时可能淡化社科工作者的集体主义观念和群体意识。二是市场经济的竞争性增强了社科工作者的主动性,但同时可能淡化社科工作者的协作意识。三是市场经济的平等性增强了社科工作者的公平意识,但同时可能淡化社科工作者的服务意识,诱导社科工作者急功近利,重利轻义,产生拜金主义、享乐主义和利己主义现象的产生。由于市场经济的负面效应,特别是社科工作者活动空间的扩大和传播媒介的发展,使社科工作者受到来自国内外各种生活方式的影响,势必导致一些社科工作者道德选择多样化。有的只讲求实惠,急功近利,缺乏远大理想和

奋斗目标，学习上动力不足，缺乏一种令人振奋、催人向上的精神；有的受到个人至上的腐朽思想影响，一味追求个人价值的实现。把吃、喝、玩、乐作为价值实现的准则，把追求金钱当作人生第一需要；有的眼中看到的似乎只是改革开放带来的琳琅满目的商品和货币，厌业、失望、烦躁情绪在滋长；有的讲究层次生活中花钱随便、讲吃讲穿，缺乏艰苦奋斗和创造精神；有的不珍惜公共财物，自由散漫，集体观念淡漠，公德意识差；有的对政治不感兴趣，淡化政治意识和国家观念，盲目崇拜西方，出现了一些有损国家和民族感情的事，个别社科工作者严重违犯党的纪律，甚至走上犯罪道路，这种种不道德的思想和行为表现，在市场经济条件下社科工作者的道德教育是非常重要的。

第二，社科工作者道德建设面临的挑战

一是经济全球化对社科工作者德育工作的影响。当今世界经济格局最显著的特点就是经济全球化。经济全球化可优化资源配置，促进发展中国家经济的发展，但同时也会使发展中国家面临着严峻的挑战。对我国而言，一方面，随着对外开放的深入，大量政治、文化观念以不同方式越来越普遍地影响着人们的道德生活，加速道德上的斗争与融合；另一方面，两种社会制度和思想文化的相互激荡、相互影响在一定意义上进一步加剧。经济全球化使得意识形态领域的斗争日益加剧和空前复杂，主流意识存在着被削弱的威胁。因为随着经济、文化、商贸等各种交流活动的频繁出现，原先敏锐的意识形态的交锋和斗争，往往被各种经济和文化的交流所掩盖，从而不知不觉地使主流意识受到冲击，最后甚至可能被同化。社科工作者作为思想最活跃、最敏感的一个社会群体，其思维方式、道德观念、价值取向会不可避免地受到更为强烈的冲击。

二是市场经济对德育工作的影响。市场经济的自主性强化了社科工作者的自主意识，但同时可能淡化社科工作者的集体主义观念。市场经济的自主性的特性要求各实体自主经营、自负盈亏。因此，无论是企事业主体还是个人主体，要在激烈的竞争中维持生存和发展，就必须充分发挥主动性和创造性。市场经济的自主性、独立性极大地促进了社科工作者自我觉醒，社科工作者的自我意识、自主意识日益强化。但另一方面，现代市场经济所包含的个体本位、优胜劣汰等原则，往往会使一些社科工作者对个人利益的要求更加强烈，奋斗欲、成就欲也更加迫切，而当这些欲望膨胀到一定程度时，便会诱发极端个人主义，从而可能淡化社科工作者的集体意识和群体意识；市场经济的竞争性增强了社科工作者的主动性，但同时可能淡化社科工作者的协作意识。竞争是市场经济的生机和活力所在，市场经济的竞争机制必然带来人们的竞争观念和效益观念。现在，优胜劣汰已成为社科工作者对人生成功的普遍看法。市场经济引入的竞争机制，使人们看到了时间的价值，"时间就是金钱，效率就是生命"的时效观在社科工作者中广为流传，慢节奏、低效率的思想遭到普遍的否定。这一切使得社科工作者的自我主动意识不断增强，但同时，市场经济带来的负效应也是比较明显的，最突出的是协作意识在竞争中被钝化。市场中等价交换的原则使人们冲破了原先旧体制中狭隘的人身依附乃至人格从属的等级关系的羁绊，将人置于平等地位，促进了独立人格的形成。这对于官本位思想、等级观念、特权思想是一个很大的冲击，也使得社科工作者的平等、公正意识进一步得到强化。但另一方面，等价交换原则有时被错误地引申到党内、国家政治生活、人际关系和社会生活等领域；市场经济的逐利性提高了社科工作者的效益观念，但同时可能弱化社科工作者的精神价值。市场经济追求最大经济效益和价值,使社科工作者在学习和就业取向上逐渐表现出重视管理和经济学科、关注市场经济理论和市场活动经历的倾向,效益观念明显增强。但另一方面,市场经济的逐利性特点也容易诱导社科工作者急功近利,重利轻义,产生拜金主义、享乐主义和利己主义。对物欲的追求很容易使社科工作者陷入物质主义的泥潭,感官的享受取代深层次的思考,对功利的追求又会压制对精神世界的探寻,导致精神价值弱化。

三是信息网络化对道德教育的影响。网络文化的多样性易导致社科工作者思想混乱。网络信息是一种开放的超越民族和国家的公用信息,由于各种社会政治力量都力图在网络上占据一席之地,不同文化的传播和碰撞在网上更加激烈。同时,网络信息又是一种多元快变的信息,每一个问题都是多维的、变化的,试图直接给出一个问题的具体答案或者仅用一种价值观念去评判是非几乎变得不可能。由于了解信息的渠道更宽、接触面更广、接触的观点更多,当代社科工作者很难再简单按照教育者事先设计的思想和目标去理解和领会信息。同时,在理解信息方面他们也更加主动,不会像以往那样被动地接受教育者的灌输和安排。这样一来,在社科工作者传播、接受信息中的权威地位被打破了,社科工作者自我判断是非标准的自主性、独立性更强,世界各国,特别是东西方价值观念在社科工作者头脑中的碰撞和冲突更加直接、更加激烈,因此,当代社科工作者的价值取向更加多元,价值选择更加困难,树立正确的世界观、人生观和价值观更不容易。

第三,必须进一步优化德育过程

首先,要把握层次性。社科工作者思想品德的发展、完善人格的形成是一个从他律到自律的潜移默化的渐进过程。因此,德育工作必须十分重视其层次性问题,提高德育的针对性,把握好德育的阶段性、渐进性和对象的自主性等特点,切忌急于求成或千篇一律的要求。

其次,要把握互动性。所谓互动性,是指从德育系统的整体效果出发,着力形成德育系统的各要素内部之间、各要素相互之间及德育系统与社会环境之间的互动关系,并在互动中调整各种因素及相互关系,以期达到德育过程整体功能的优化。注重德育的互动性,尤其要把握住思想政治教育者和社科工作者之间的互动合作、德育内容与方式的互动结合以及德育系统的单位、家庭、社会"三位一体"互动配合等互动关系。

再次,要把握主体性。在德育过程中,思想政治教育者和社科工作者都应该是主体,通过平等交往、品德上的相互影响,建立起主体与主体间民主、认同、合作的活动关系,形成有效的效果,从而促进社科工作者思想品德的发展。传统道德教育普遍把思想政治教育者视为主体,把社科工作者作为客体,结果收效不大。因此,在德育过程中需要德育工作者更多地重视发挥社科工作者的主体作用,充分调动德育过程中"学"的作用。通过社科工作者积极的思想内心活动,去主动接受、内化为教育者的德育要求,达到提高道德认知、形成道德行为的目的。

第四,建设一支高素质的德育队伍

首先,提高理论水平。实践表明,思想政治教育者首先要具有较高的理论水平,并且只有掌握了社科工作者不同特点及个性差异,才能因势利导,把思想工作做到社科工作者的心坎上。否则,即使有了善良的愿望也不一定能达到好的效果。因此,社科工作者要大力提高德育工作者的理论水平,澄清模糊认识,端正思想,并以此为指导,尽快使他们由"经验型"上升为"理论型",使思想道德教育趋向科学化、规范化。

其次，提高职业道德。德育工作者一要热爱和尊重教育对象，与社科工作者打成一片；二要具有良好的思想和工作作风，善于倾听各种意见，集思广益，率先垂范，以自身的人格魅力为社科工作者修身铸魂，提供最丰富的育人资源。

再次，提高工作能力。德育工作者应有较高的组织能力、语言表达能力，还需掌握必要的教育方式与技巧。

第五，明确道德教育的措施

首先，提高思想认识，用邓小平理论武装社科工作者。思想道德教育是精神文明建设的核心，是人生观教育的核心。邓小平同志曾经指出："要用共产主义思想道德教育人民、教育青年，做到有理想、有道德、有文化、有纪律。"这就为思想道德建设指出了明确的方向。人为什么活着，怎样活着才有意义。是追求金钱，还是为社会奉献，这是做人的根本。在这些问题上，有些社科工作者并没有真正解决。在当前，要根据建设中国特色社会主义的实践要求，以爱国主义、集体主义和社会主义教育为主题，以共产主义世界观、人生观、价值观教育为核心，以全心全意为人民服务为宗旨，以国家至上、社会为本、集体优先教育为准则，用邓小平理论、"三个代表"重要思想、科学发展观、习近平系列讲话精神对社科工作者进行系统的全面的思想道德教育，这是社会主义精神文明的重要部分，也是培养"四有"新人的基本要求。要遏制拜金主义、享乐主义和极端个人主义萌芽的产生，使社科工作者懂得国家、集体、个人三者的利益关系。对社科工作者进行言谈举止、为人处事、道德情感等专门训练和生活指导，引导他们正确处理物质追求和精神追求的关系，正确处理追求个人的自我价值与社会价值的关系。树

社科工作者思想政治工作若干问题的理性透析

立服务于人民,"来源于社会,奉献社会"的精神,从而形成一种中华民族特有的社会主义道德规范和价值观念,形成一种特有的社会主义道德人格。

其次,强化传统道德教育,突出时代内容。德育工作者要以满腔的热情、乐观的人生态度和高度政治责任感,充分利用我国丰富的革命传统和优秀的民族文化传统这两大教育资源对社科工作者进行道德教育,同时,赋予传统教育以新的时代内容。学习讨论、专家报告、专题讲座、个人谈话要跟踪时代的步伐,符合时代节奏,积极研究道德教育的新问题、新内容、新特点,把握道德教育的新动向及形成的规律,明确思想道德教育的定位,寻找思想道德教育支点。从而帮助社科工作者去获取适合时代特征及自己处境的精神资源,指导他们在观念、知识、能力、心理素质方面尽快适应时代发展的要求,建立一个比较充实的精神空间,在人生的道路上,面对升沉、荣辱的不同情况,具有较大承受力和坚韧品格,引导他们向上、向善、向往美好、向往成就、向往创造、向往贡献,帮助他们以优秀的意志品质和自强不息的人格精神支撑起哲学社会科学事业。

再次,优化育人环境。社科工作者群体的道德素质与所处的环境关系密切,加强育人环境建设可以促进他们形成良好的思想品德。因为思想道德文化是一种潜在的教育力量,它能使社科工作者绕开意识的障碍,在不知不觉、潜移默化中接受道德教育。优化环境包括三个方面:一是人文环境。主要指社科工作者的思想境界和心理素质,通过弘扬正能量,用高品位的精神作品感化他们、净化他们的心灵、陶冶他们的审美情趣,创造一种积极向上、催人奋进的精神环境,渲染道德建设的人文氛围。二是公德环境。包括文明礼貌,爱护公物,维护公共秩序和公共卫生、同事之间的相互合作、相互尊重、正常交往等。公德意识是社科工作者的应备素质。但由于种种原因，目前必须花大力气补"公德"课。三是物质环境。主要指文化设施和科研条件，这是精神文明建设的硬件部分。单位的绿化、布局、活动设施对社科工作者的文明素质都会产生影响。工作和生活在设施优良、清洁优雅的环境里会心情愉悦、效率倍增，并且他们的自我约束力也将大大增强。当然，单位环境的优化是一个综合治理的过程，它包括单位运行的方方面面。只有综合治理，单位里才会出现文明、健康、科学的生活方式，单位的思想道德建设才会出现生机勃勃的景象。所以，我们要优化环境，通过德育工作者的言传身教来影响社科工作者的行为和观念，形成讲道德的氛围，努力营造良好的环境，促进形成积极进取的工作环境，和谐融洽的心理环境，健康高雅的文化环境，强而有力的舆论环境，培养出既有学者风度又有高尚道德情操的当代社科工作者。

2. 加强自身建设

江泽民同志曾经指出："要说素质，思想政治素质是最重要的素质。"作为马克思主义的坚强阵地，思想政治教育，即马克思主义理论和思想品德的教育质量和实际效果的好坏，直接关系着我国社会主义现代化建设，关系着我国改革开放前途和21世纪国家命运，关系着坚持党的基本路线一百年不动摇的长远大计。在当今改革开放和发展社会主义市场经济条件下，社科工作者工作的环境、任务、内容都发生了很大的变化，思想政治工作也面临新的挑战。适应新的形势，提高思想政治工作的质量和效果，已经日益成为社科工作者迫切需要解决的重大课题。因此，做好社科工作者的思想政治工作，必须建设一支作风正派、品德高尚、勇于奉献、有一定马列主义水平的队伍，这是做好社科工作者思想政治教育工作的保证。其原因在于：一是社科工作者是知识密集的地方，也是各种思潮角逐的场所，只有坚持用马列主义的立场、观点、方法，才能使社科工作者具有分辨真伪、美丑、善恶、抵御资产阶级腐朽思想侵蚀的能力。二是德育本身就一门科学，它有其内在的规律和联系，需要我们深入实际去研究去探索去了解社科工作者思想道德状况，并用科学的方法给予正确的估价，提出在市场经济条件下，适合社科工作者特点的思想道德教育方法，这样才能有的放矢，才会有理想的效果。另外，思想政治工作者应成为道德教育的示范者。俗话说："正人先正己。"只有自身的政治信念坚定了，才能够赢得社科工作者的信赖，如果思想政治工作者缺乏坚定的信念，就很难让社科工作者有坚定正确的政治方向。因此，必须加强思想政治工作者队伍建设，尽快培养一批知识渊博、信念执着、道德高尚的专家，从而创造出更丰富的精神产品。

基于上述原因，当前社科工作者的思想政治工作队伍建设需要做好以下几个方面：

第一，以高标准塑造社科工作者的形象

一是道德标准。思想政治工作者水准的高低直接影响着所培养人才的质量，关系到思想政治教育的成败。思想政治工作者直接从事马克思列宁主义理论和思想品德教育，必须要有更高的道德标准，树立强烈的使命感与责任感，具有正确的教育观、质量观、人才观，帮助社科工作者树立正确的世界观、人生观和价值观，学会用马克思主义的立场、观点和方法来正确认识纷繁复杂的社会现象，切实提高当代社科工作者的思想政治觉悟、道德精神境界。二是学历标准。学历代表一个人受正规教育的程序，是反映一个人文化水平高低的重要标志之一。一般情况下，它能反映队伍的业务素质及发展的可能性。三是待遇标准。"高效益、高水平、高待遇"是一流学科的重要特征之一，其中高效益是关键，高水平是核心，高待遇是保证。建设一支"精干、高效"的思想政治工作队伍，必须要有高待遇作为保证。应该制定政策，确保政工人员的待遇一般不低于社科工作者的其他人员。

第二，以丰富知识锤炼社科工作者的素质

思想政治工作者必须具备良好的政治素质、思想素质、能力素质、知识素质、心理素质和创新素质。按照现代德育的要求，尤其要突出地提出创新素质和知识素质。一是创新素质。创新是科学发展的源泉，是知识经济的支柱，是未来社会的基础和核心。思想政治工作者要始终坚持实事求是、与时俱进的理论品格，坚持吸收现代化发展的新经验和学术研究上的新成果，适时改进，不断创新，才能永葆思想政治工作的生机和活力。二是知识素质。知识就是力量，知识就是威信。21世纪是"以智力资源的占有、配置，以科学技术为主的知识生产、分配和使用（消费）"为最重要因素的时代，即知识经济时代，知识成为诸生产要素中最活跃的因素，人类知识更新速度加快。知识经济时代的到来，对思想政治工作者的知识素质提出了更高的要求。思想政治工作者应掌握的知识有：马克思主义基本理论知识，即马克思主义哲学、毛泽东思想、邓小平理论、"三个代表"重要思想、科学发展观、习近平系列讲话精神等方面的知识；思想政治教育理论知识，包括思想政治教育学、中外思想政治史等思想政治工作的理论和历史知识，也包括教育学、心理学、政治学、伦理学、社会学、逻辑学、史学、美学、人才学、管理学、文学等交叉学科的知识；社会主义市场经济知识。面对现代化科学技术飞速发展的现实，需要突出提出的是现代科技知识、外语知识和第

社科工作者思想政治工作若干问题的理性透析

二专业知识。思想政治工作者要坚持实事求是、与时俱进的理论品格，坚持吸收现代化发展的新经验和学术研究上的新成果，适时改进、不断创新思想政治工作的内容，掌握运用网络技术和多媒体等新科技手段。

第三，以转变观念实施社科工作者的管理

在思想政治工作队伍建设方面，我们必须解放思想、更新观念，适应建设高素质思想政治工作队伍的需要。一是转变观念，树立"合理流动"的观念。我们应"在开放中引进人才，在竞争中选拔人才，在流动中稳定骨干，在动态平衡中优化结构"，把人才流动转化为调整思想政治工作队伍结构的机遇，使思想政治工作队伍建设朝着"优化、合理、高效、精干"的方向发展。二是出台优秀学科带头人评定新政策，不仅提出社科工作者的科研能力和思想政治要求，而且明确提出学历、计算机及网络、外语、第二专业要求，真正培养和造就一批学术水平高、综合素质强、善于创造、勇于创新、不断地开拓新领域、占领学科前沿、具有较强科研能力的学科带头人。

第四，以加强实践拓宽社科工作者的视野

思想政治工作者不仅具有较强的思想性、政治性、理论性，而且具有较强的实践性。思想政治工作者不仅要有扎实的理论素质、较高的教育教学水平，还要有较强的实践素质，既要是思想政治教育的专家，也要是思想政治教育工作的实干家。只有在日常的思想政治教育工作中，思想政治工作者才能真正了解社科工作者的思想状况，只有真正了解了社科工作者的思想状况，才能增强思想政治工作的针对性、实效性。

第五，以优化结构打造社科工作者的整体形象

思想政治工作者队伍，既包括个体素质，也包括队伍的整体结构。提高思想政治工作质量，不仅取决于思想政治工作者的个体素质状况，

而且取决于这支队伍的整体结构状态。优化思想政治工作者队伍结构，应着眼于调动队伍的群体力量，努力提高思想政治工作水平。优化思想政治工作者队伍结构有多种因素，对队伍总体水平有较大影响的问题，有专兼职结构、年龄结构、学历结构、专业结构和职称结构等。根据思想政治工作者队伍的现状，当前重点是优化专业结构。专业结构是指思想政治工作者所学专业的构成情况。优化专业结构的目的，就是要提高思想政治教育的科学化水平。

三、科学精神和人文精神的教育

社会主义精神文明建设包括思想道德建设和科学文化教育建设，两者是辩证统一的，精神文明建设的目标就是要教育人民成为"四有"新人。道德建设在提高人的精神境界，培养人的素质，形成良好的社会风气等方面有着特殊的作用，而道德水平的提高与人们接受教育，掌握科学文化是分不开的，我们知道，人的素质是多方面的，有身体素质、心理素质、科学文化素质和思想道德素质等，而基本的是科学文化素质和思想道德素质，加强社会主义精神文明建设就是要全面提高民族的思想道德素质和科学文化素质，从而更好地为社会主义市场经济服务。

1. 加强形势政策教育

对社科工作者进行形势与政策教育，是我们党思想政治工作的重要内容和有机组成部分。怎样在新的历史条件下占领这一传统的思想阵地，与时俱进地对社科工作者进行形势与政策教育，提高社科工作者的思想政治素质，把他们培养成为中国特色社会主义事业的合格建设者，就成为摆在我们社科工作者面前的重要教育课题。我们必须从更深广的

社科工作者思想政治工作若干问题的理性透析

层面上提高对社科工作者进行形势与政策教育的理性认识,把握思想政治教育的原则,提高思想政治教育的针对性、实效性。

第一,加强形势教育势在必行

形势与政策教育是社科工作者思想政治教育的重要内容。形势与政策教育是社科工作者思想政治教育的重要组成部分,是对社科工作者进行思想政治之作的主渠道、主阵地,是每个社科工作者的必修课程,在社科工作者思想政治教育工作中担负着重要使命,具有不可替代的重要作用。

加强形势与政策教育是国内外形势发展的需要。20世纪90年代中期以来,经济全球化趋势有了显著的发展。一方面,经济全球化在世界范围内实现了资源更为有效的配置,但这也加剧了发达国家与发展中国家的两极分化;另一方面,经济全球化趋势与世界政治格局变化之间产生着强烈的互动作用,世界政治格局中单极化和多极化的斗争以新的形式表现出来。在这种背景下,加强国际形势教育,引导社科工作者正确认识世界政治格局变化的现状及其不可逆转的历史趋势,认识经济全球化给我国经济社会发展带来的机遇和挑战,帮助当代社科工作者提高民族自尊心和自信心,为中华民族的振兴做出积极的贡献,就显得尤为重要。

加强形势与政策教育是社会发展的需要。当代社科工作者对新鲜事物最敏感,又最善于学习和思辨。在信息化的社会背景下,变化着的世界时刻都在多渠道、全方位地影响着社科工作者的思想。社科工作者历来都以"天下兴亡,匹夫有责"为己任,高度关注国内外形势。随着对外开放的不断扩大、社会主义市场经济的深入发展,当代社科工作者在感受经济持续发展、生活日新月异的同时,也非常注意社会上贫富差距在扩大、腐败现象在蔓延、一些丑恶现象在死灰复燃等社会现实问题。但他们对社会的认识在逐步成熟，对国内国际事件也缺乏一定的把握能力，一些道听途说和不够权威的信息甚至误导他们，影响他们的政治立场和情感。因此，必须对他们进行必要的教育和引导。

加强形势与政策教育是思想政治教育发展的需要。形势与政策教育是一门运用理论分析现实问题的综合性学科，它需要综合运用马克思主义哲学、经济学、政治学和中国特色社会主义理论，对现实问题进行诠释和回应。然而，形势与政策教育是一个年轻的学科，没有统一的模式，因而存在不少问题。例如，认识问题。有些单位的领导重视不够，少数人对思想政治教育的有效性持不同看法，个别同志有畏难情绪。因此，必须加强对社科工作者的形势与政策教育。

第二，把握形势教育的原则性

进行形势与政策教育是提高社科工作者的思想认识水平和综合素质、开阔其胸怀视野、增强其责任感和大局意识的重要手段。对社科工作者进行形势与政策教育能够提高他们认识问题、分析问题和判断是非的能力，从而把他们的思想认识统一到党的路线、方针、政策上来。为实现这个目的，我们必须把握和坚持以下原则。

坚持正面教育的原则。在形势与政策教育中，必须把握好大方向，必须以邓小平理论、"三个代表"重要思想、科学发展观、习近平系列讲话精神为指导，运用马克思主义的立场、观点和方法去分析当前国内外形势、党和国家的内政外交方略的政治意义和实践依据，引导社科工作者正确处理民族感情和客观现实的关系，真正理解韬光养晦、确保稳定、加速发展、着眼未来的战略内涵。同时，必须坚持正面教育。对于现实生活中存在的问题，既不能讳莫如深，也不能随意夸大。要通过讲问题、谈困难、揭露消极阴暗面,来进行疏导、警戒,明确提倡什么、反对什么。坚持与实践结合的原则。用事实说明理论,为全面准确理解形势与政策的内容和内涵打下实践基础,并促使社科工作者将感性认识上升为理性认识,最终内化为社会和当地发展动力的价值追求。

坚持分层次教育的原则。不同层次的社科工作者知识体系也不尽相同,对形势与政策的理解也会有所不同。刚刚进入社会科学岗位的同志还没有系统学习马克思主义哲学、政治经济学等课程,无法运用科学的立场、观点、方法去分析形势、理解政策,给他们讲党和国家的内政外交的路线、方针和政策,他们很难全面地理解。高水平的社科工作者理论体系比较完善,能运用科学的立场、观点、方法来分析形势、理解政策,但在复杂多变、矛盾错综的国际国内形势面前,在某种程度上也难以保持清醒的头脑,从而很难发现问题的本质。因此,我们必须坚持分层次教育的原则。

第三,把握形势教育的针对性

形势与政策教育是一个系统工程。把握社科工作者形势与政策教育的针对性,就是要建立健全工作机制,建设高水平的思想政治工作队伍。

建立健全形势与政策教育领导体制和工作机制。形势与政策教育在党委领导下进行,由思想政治教育领导小组统一协调。党委宣传部参与培训计划的宏观指导。

建设一支相对稳定的高水平的专兼职结合的思想政治工作队伍。这支队伍政治上要坚定、敏锐,知识结构要全面,业务水平要高,还要了解社科工作者的实际情况。要精选高素质的思想政治理论专家为骨干,负责形势与政策课的研究工作。

不断丰富形势与政策教育的内容。根据动态变化的形势政策与时俱进地选择、优化思想政治教育内容。把教育的重点落实在社科工作者关注的热点、焦点、难点、疑点问题上，释疑解惑，引导社科工作者在复杂多变、矛盾错综的国际国内形势面前保持清醒的头脑，透过现象看本质，把握形势发展的客观规律。同时，还要根据国际国内形势的变化，及时调整培训内容，引导社科工作者在复杂的事物面前明辨是非、站稳立场，在政治上同党中央保持一致。

充分发挥各种载体的作用。可以利用网络为社科工作者提供了解国内外形势的平台，还可以定期举办形势报告会，开展主题明确的知识竞赛、辩论赛、演讲赛和征文比赛，发挥业余党校、团校的作用。

总之，要根据新世纪新阶段面临的新情况新问题，加强形势与政策教育的针对性。当前和今后一个时期，要着重进行党的基本理论、基本路线、基本纲领和基本经验教育；进行我国改革开放和社会主义现代化建设的形势、任务和发展成就教育；进行党和国家重大方针政策、重大活动和重大改革措施教育；进行当前国际形势与国际关系的状况、发展趋势和我国的对外政策，世界重大事件及我国政府的原则立场教育；进行马克思主义形势观、政策观教育，引导社科工作者正确把握国内外形势的大局。这样，才能全面提升广大社科工作者的综合素质。

2. 加强民主法制教育

民主法制是和谐社会建设的首要要素，社科工作者是和谐社会的实施者和创造者，其民主法制素质关系到社会主义和谐社会建设的进程，社科工作者民主法制教育是适应我国社会主义民主法制建设的要求。但是部分社科工作者民主法制意识淡薄，法律常识少，对社科工作者进行民主与法制教育迫在眉睫。

第一,加强社科工作者的民主与法制教育时不我待

一是社会主义民主和法制教育是改革开放和现代化建设的形势需要。我国正处于改革的攻坚阶段和发展的关键时期,社会主义市场经济体制还不成熟、不完善。一方面,旧的习惯势力和主观偏见的束缚并没有从根本上得以打破,封建主义的思想意识没有彻底根除,封建迷信、小生产意识、专制主义等腐朽落后的东西在社会生活中不时沉渣泛起,随时都可能侵袭缺乏政治免疫力的头脑。另一方面,市场经济是一把"双刃剑",它在促进生产力发展的同时,也有负面效应,如市场机制具有趋利性、自发性、盲目性,容易导致人们思想失律、道德失范、行为失调。

二是社会主义民主和法制教育也是培养"四有"新人、造就中国特色社会主义事业的建设者的战略要求。社科工作者对于做"四有"公民,比社会其他成员更具有义不容辞的责任。更重要的是,我党开创的建设中国特色的社会主义是一个宏伟而又艰巨的事业,需要几代人、甚至几十代人的不懈努力,社科工作者是社会主义建设的主力军。因此,在提高社科工作者的科学文化素质的同时,应努力提高其思想道德素质,增强他们的社会主义民主法制意识,这是时代的要求,否则,就难以肩负起历史重任。

第二,社科工作者的民主与法制意识有待进一步增强

一是社科工作者的法律意识不强,民主与法制观念淡薄。社科工作者虽然具备一定的法律知识,但并没有真正挖掘法的精神、法的价值,缺少公平、正义的理念,对法的信仰程度很低,有人曾对某社科工作者的"法律公正性"确信程度做过调查,表示有信心的占74%,而21%的社科工作者表示信心不足,有5%的社科工作者表示完全没有信心。

从这个调查数据的结果来看，法律并没有在社科工作者心目中占据崇高的地位，而法治社会要求法律至上，任何组织和个人都不能凌驾于法律之上，如果法律不被信仰就形同虚设，而当代社科工作者的法律意识则处于一种岌岌可危的境地，提升社科工作者的法律意识已经迫在眉睫。

二是当代社科工作者的法律知识水平低。当代社科工作者法律知识的获得主要依靠普法教育，如此短促的时间内，要使社科工作者全面了解法的基本概念、原理，宪法及民法、刑法、诉讼法等有关部门法的知识是根本不可能的。因此，社科工作者的法律知识水平低，自然也就导致了他们法律意识薄弱，民主与法制观念淡薄。

第三，加强社科工作者民主与法制教育必须突出重点

一是坚持民主教育与法制教育相结合的原则。社会主义民主是法制的前提和基础，没有民主也就没有法制。社会主义民主是法制产生的前提，民主的性质、内容和发展方向决定法制的性质内容和发展方向，民主还决定法制的发展水平、地位和作用。邓小平同志曾经明确指出，"没有民主就没有社会主义，就没有社会主义的现代化。"社会主义法制又是民主的体现和保障。由于民主与法制具有相辅相成、密不可分的关系，我们在对社科工作者进行民主法制教育时，就必须把民主教育和法制教育紧密结合起来。

二是要把民主法制理论教育与科学实践结合起来。思想政治工作者要为社科工作者营造一个直观的民主法制的实践环境。民主法治是社科单位管理的重要手段，也是和谐社会最根本的指导原则和最重要的运作机制。要建立平等的人格关系，尊重社科工作者的人格价值。

三是民主法制教育要把思想政治教育与社科工作者未来发展密切结合。民主法制意识对社科工作者政治观、价值观、行为模式具有现实指

导作用,根据目前社科工作者民主法制观念存在的与和谐社会要求不相符的问题,要有针对性地开展教育:要倡导平等意识。平等是民主的灵魂,没有平等就没有民主;要加强诚信教育。诚信是社科工作者开展科研工作的"通行证"。市场经济正常运行需要经济主体诚实守信、遵守契约,民主政治良性发展需要社会主体遵纪守法、相互信任;要增强公平正义意识。通过对社科工作者进行法制教育,用法深刻的思想内涵和道义精神为他们树立起判断是非曲直的标准,用以评价和预测他人及自己行为合法或非法的尺度,尊重公平竞争的法律秩序,理解他人的合法利益并取得自己的合法利益,按照法律原则和道德观念,公道正直地为人处世,维护社会的公平正义。

3. 加强创新精神教育

创新精神在知识经济时代越来越成为人类社会发展进步的根本动力和内在驱动力。创新,是知识创新、技术创新(理论创新),而创新的主体之一是社科工作者。

马克思主义认为,人除了消极的享受还有更高级的需要,就是表现自己的生命力,发展自己的潜能,实现自我,而创新是人的自我实现的最高表现。人的聪明才智和创造能力不是生下来就表现出来的,而是在一定的环境(自然和社会)中通过学习和劳动开发出来的。人把自己的潜能发挥出来,这就是"自我实现"。自我实现是人的最高级的需要,就是发展的需要。由此决定了创新成为人自我发展、自我实现的内在需要和内在驱动力。从而,为人类的全面而自由的发展,为人的创新需要的满足创造良好的环境,培养和造就人的创新精神是切实有效的思想政治工作的必然要求。思想政治工作的核心和目的在于激发人的进取精神和实现人的潜能,创新精神教育是实现这一目的最有效的途径和手段。

江泽民同志曾经指出:"创新是一个民族的灵魂,是一个国家兴旺发展的不竭动力。"这一深刻的论断是在世界经济、科技文化日益一体化全球化,知识经济时代已经来临,我国改革开放和社会主义现代化建设事业进入新阶段,中华民族面临发展和伟大复兴的难得机遇和严峻挑战的重要历史时刻提出来的,顺应了世界大势和我国发展的战略趋势,有着伟大的现实主义和深远的历史意义。这是全党和全国人民的战略任务。落实这一战略任务,适应时代发展的需要,培养和造就新一代具有创新精神和才干的优秀人才这一重任已历史地落在思想政治教育的肩上。

4. 加强社会主义法治理念教育

社会主义法治理念的提出,对社科工作者提出了更高的要求,如何正确把握社会主义法治理念的核心内容、本质要求、价值追求、重要使命和根本保证等各个方面,在具体学习教育活动中,我们必须从以下几个方面提高认识,全面提升依法行政工作水平。对社科工作者开展社会主义法治理念教育活动,是全面建成小康社会的需要,是构建和谐社会的需要。

社会主义法治理念是以马克思列宁主义、毛泽东思想、邓小平理论、"三个代表"重要思想、科学发展观、习近平系列讲话精神为指导,在认真总结我国法治建设实践经验、借鉴世界法治文明成果的基础上形成的,为建设社会主义法治国家指明了方向。进一步加强社会主义法治理念教育,对于实施依法治国方略,提高党的执政能力,提高社科工作者的法律素质,提高全社会法治化管理水平,维护社会稳定,构建社会主义和谐社会具有重要的现实意义和深远的历史意义。

社科工作者思想政治工作若干问题的理性透析

准确把握社会主义法治理念的深刻内涵，必须坚持"四个统一"，即：坚持党的领导与依法办案的统一、坚持政治工作与依法行政业务的统一、坚持严格执法与执法为民的统一、坚持法律效果与社会效果的统一。当前，我国司法队伍整体状态良好，在维护社会稳定、保障经济发展中发挥了重大作用，取得了突出成绩。但是，我们也应该清醒地认识到，我们的思想政治教育工作还不够完善，只有把社会主义法治理念融入到社科工作者的各项工作中，才会取得好的效果；只有牢固树立公平正义的理念，才能使宪法规定的建设社会主义法治国家的任务落到实处，才能更好地维护人民利益，才能促进社会和谐发展。因此，社科工作者要认真组织，联系工作实际，把法治理念教育与当前各项重点工作结合起来，与荣辱观教育结合起来，通过教育活动推动工作更好开展。

扎实开展社会主义法治理念教育，必须做到以下"六个坚持"。一是坚持领导带头。党委（党组）要周密安排部署，切实做到思想上高度重视，行动上自觉主动，工作上狠抓落实。要注重培养和树立先进典型，努力发挥社科工作者在实际工作中的示范带动作用。二是坚持正面宣传为主。要充分利用报刊、网络、电视等媒体，大力开展社会主义法治理念教育活动的重大意义及其取得的显著成效，营造良好的舆论氛围。三是坚持学习与生活并重。要正确处理好教育活动与其他方面的关系，特别是在当前任务比较繁重的情况下，要克服把开展教育与抓生活对立起来的思想，以及不联系自身思想实际，把理念口号化、理论与实践脱节等问题，要把社会主义法治理念教育与当前社科工作者各项重点工作有机结合起来。四是坚持以社会主义法治理念为指导。在加强和改进党的领导、完善党的领导体制、妥善处置各种矛盾等方面取得突破，真正把教育活动的成效体现到解决突出问题上来，要通过学习推动工作，做到"两不误、两促进"，用推动各项工作的实际成果来衡量和检验思想政治教育的成效。五是坚持密切联系实际。社会主义法治理念教育活动能否达到预期目的，关键取决于能否紧密联系社科工作者的实际，真正解决好认识上和工作上存在的问题。要紧紧抓住社科工作者反映强烈的突出问题，特别是要对近年来发生的执法不公正、不严格、不规范、不文明等问题进行全面梳理，对照社会主义法治理念，深入剖析发生这些问题的原因，深入开展大讨论，有针对性地制订整改措施，切实解决重大思想观念问题。六是坚持建立长效机制。社会主义法治理念教育，是新时期社科工作者思想政治建设的重要内容，是社科工作者思想政治工作一项长期的任务，必须注重制度和机制建设，确保社会主义法治理念教育能够随着形势的变化不断取得新的成效。

把法治理念教育和当代社科工作者学习进行有机结合。一是把社会主义法治理念教育同我们当前开展的社会主义核心价值观教育紧密结合起来，使广大社科工作者牢固树立科学的世界观、人生观和价值观。二是把社会主义法治理念教育同争先创优实践活动紧密结合起来，通过岗位培训、岗位练兵和创建示范岗等多种方式，树立起一批不同层次、不同岗位的学习、实践社会主义法治理念工作的先进典型。三是把社会主义法治理念教育同"思想作风纪律教育整顿活动"紧密结合起来，切实解决社科工作者反映突出的问题。四是把社会主义法治理念贯彻到普法依法治理中，贯彻到妥善处理各种矛盾中，贯彻到法律援助、法律服务工作中，贯彻到法律监督工作中，充分发挥社科工作者应有的作用。

总之，社会主义市场经济的确立，使我国的经济政治生活发生了重大变革，人们的思想观念也发生了重大转变。但是，在新的历史条件下，思想政治工作的基本内容仍然不能变。思想政治工作的主题之一就

社科工作者思想政治工作若干问题的理性透析

是坚持邓小平理论,进行党的基本路线的教育、为人民服务的教育和爱国主义、集体主义、社会主义教育。我们把它归纳为,"一条路线、一个宗旨、三个主义"的教育。这些教育不仅是思想政治工作在现阶段进行教育的重要内容,而且也是我们将来进行思想政治工作的重要内容。这些内容就像一条红线,贯穿于社科工作者思想政治工作的始终。

第一,要加强"一条路线"教育

"领导和团结全国各族人民,以经济建设为中心,坚持改革开放、自力更生、艰苦创业,为把我国建设成为富强、民主、文明的社会主义现代化国家而奋斗。"这是党的十三大提出的党在新时期的基本路线。它科学地回答了我国现阶段的领导力量、根本目标、主要任务和基本道路等一系列有全局性、根本性的问题,规定了党的各项工作的总方针和总政策,决定着当前党的全部工作的方向和目标,是党在现阶段领导全党和全国各族人民进行社会主义现代化建设的行动纲领。因此,必须坚持不懈地进行党的基本路线的教育。

邓小平理论的伟大之处,就在于它第一次比较系统地初步回答了中国社会主义的发展道路、发展阶段、根本任务、发展动力、外部条件、政治保证、战略步骤、党的领导等等一系列基本问题。特别是依此指导我党制定了在社会主义初级阶段的基本路线。邓小平理论的核心和主题就体现在党的基本路线之中。明确了党的基本路线就明确了邓小平理论的真谛,同时也就明确了什么是社会主义、怎样建设社会主义;只有坚持不懈地进行党的基本路线的教育,才能实现政治稳定。党的基本路线的教育,能使全国人民形成建设中国特色社会主义的共同理想,心往一处想,劲往一处使。只有坚持不懈地进行党的基本路线的教育,才能保证"以经济建设为中心"的思想不动摇。

当前，加强党的基本路线的教育，要明确以下几个问题：要教育人们懂得社会主义的根本任务是解放和发展生产力，贫穷不是社会主义的道理。为了能够集中力量发展生产力，必须创造一个安定团结的氛围，保证社会主义建设的顺利进行；正确处理"两个基本点"之间的关系。坚持四项基本原则和坚持改革开放是党的基本路线的两个基本点。它们是相互依存、缺一不可的。坚持四项基本原则是立国之本，是实现现代化的根本前提。邓小平同志曾指出："离开四项基本原则，就没有根、没有方向。""如果动摇了这四项基本原则中的任何一项，那就动摇了整个社会主义事业、整个现代化事业。"所以，四项基本原则是团结全国人民的根本，也是全国人民共同奋斗的政治基础。只有坚持四项基本原则，改革开放才有正确的政治方向。

正确处理"一个中心"与"两个基本点"的关系。"一个中心"是党的基本路线的核心、主体；"两个基本点"是为这个中心服务的。在全面贯彻执行党的基本路线过程中，思想政治教育的任务，就是要排除"左"的和"右"思潮对于"一个中心"的干扰。江泽民同志曾经指出："'右'的表现主要是否定四项基本原则，搞资产阶级自由化，甚至制造动乱。'左'的主要表现是否定改革开放，认为和平演变的主要危险来自经济领域，甚至用'阶级斗争为纲'的思想来冲击经济建设这个中心。"思想政治工作必须从传统的束缚中解放出来，既要防"左"，又要防"右"，把"一个中心"和"两个基本点"统一起来，全面正确地理解和贯彻执行党的基本路线。

第二，要加强党的宗旨教育

全心全意为人民服务，是我们党的唯一宗旨。在新的历史条件下，我们仍然坚持不懈地进行这一宗旨的教育。社会主义经济条件下，经济

社科工作者思想政治工作若干问题的理性透析

活动中的等价交换原则本身就包含了相互服务的关系。市场经济所要求的诚实守信、忠于职守、勤业敬业等道德规范，更是为人民服务中的应有之义。党的《中共中央关于加强社会主义精神文明建设若干重要问题的决议》把为人民服务作为社会主义道德建设的核心，作为全体社会成员应当遵守的道德原则，正是从根本上体现了社会主义市场经济条件下人们之间相互关系的本质要求。

社会主义市场经济体制是同社会主义的根本制度结合在一起的。社会主义社会的全体公民都是国家的主人。主人和主人之间的关系必然是相互平等的。建设中国特色社会主义，是人民群众的事业。我党就是来自于人民、植根于人民、服务于人民的党，人民群众是我党力量的源泉和胜利之本。党的建设中国特色社会主义全部工作的出发点和落脚点，就是全心全意为广大人民服务。所以，全心全意为人民服务又是我们党的根本宗旨，是党性的集中表现和最高原则。

在社会主义市场经济条件下，进行党的全心全意为人民服务宗旨的教育，必须首先使党的领导干部真正树立起为人民服务的观念，特别应该使他们认识到，他们手中的权力是人民赋予的，这个权力只能用来为人民服务，为人民谋利益，绝不能以权谋私。其次，应该要求每一个社科工作者始终不渝地坚持为人民服务的根本宗旨，牢固树立起群众观点。吃苦在前，享受在后，大公无私，自觉奉献。处处发挥社科工作者的表率作用，时时维护国家和人民利益，做一个名副其实的先锋战士。同时，通过为人民服务的教育，还应该引导每一个公民建立起正确的世界观、人生观和价值观。

加强以为人民服务为核心、以集体主义为原则的社会主义思想道德教育。任何人，不论何种岗位，不论能力大小，都能够而且应当实践为人民服务的理念。这样才能促进社会主义市场经济的健康发展,使为人民服务在全社会蔚然成风。只有站在无产阶级和人民大众的立场上,才能树立起全心全意为人民谋利益的人生观和价值观。孔繁森同志就是这种崇高的人生观和价值观的实践者。在市场经济条件下,面对那些以权谋私、败坏党风的贪官污吏,孔繁森的精神尤其显得无比高尚。思想政治工作进行为人民服务的宗旨教育,就是要弘扬正气,用无产阶级的人生观、价值观去战胜各种非无产阶级的思想意识,用人民利益高于一切的原则去战胜形形色色的个人主义。

第三,要加强"三个主义"教育

"三个主义",即:爱国主义、集体主义、社会主义教育。爱国主义教育,是对我国每一位公民的最基本的要求,是提高全民族整体和加强社会主义精神文明建设的基础工程,是引导人们树立正确的理想、信念和培养正确人生观、价值观的基础,是上升到集体主义和爱国主义的前提。党的十四届六中全会通过的《中共中央关于加强社会主义精神文明建设若干重要问题的决议》还强调指出,爱国主义历来是中国人民团结奋斗的一面旗帜。中国的历史清楚地表明,正是这面旗帜鼓舞和激励着中华民族,在困难和挫折中一次又一次地站起来和发展起来。通过爱国主义教育,不仅要增强全国人民特别是青少年的民族自信心、自豪感,从而自觉地热爱社会主义祖国,更重要的是让全国人民把爱国主义精神落实到为建设中国特色社会主义而奋斗的实际行动之中。

我国要想跻身于世界强国之林,不断提高我国的国际地位,永远高举社会主义的旗帜,只能靠每个公民的努力奋斗来发展生产力、壮大我国的国力。只有坚持不懈地进行社会主义和集体主义的思想教育,不断提高全民族的集体主义、社会主义思想道德,才能保证实现党的基本路

社科工作者思想政治工作若干问题的理性透析

线所制定的总目标、总任务。集体主义和社会主义两者之间存在着必然的内在联系。

集体主义所讲的"集体",就是相对于个人而言的人民和社会。集体利益原则的出发点,就是从广大人民的利益出发,坚持集体利益高于个人利益,始终把人民的利益放在第一位。一个凡事只为个人着想、缺乏集体主义观念的人,是不可能时时为建设中国特色社会主义自觉贡献自己的力量的。

社会主义的根本经济制度要求人们,在思想上必须树立集体主义观念,在行动上必须处处维护公有制的利益。在处理公与私的矛盾时,要先公后私,大公无私。在建设中国特色社会主义的过程中,爱国主义、集体主义、社会主义始终都是我们民族的凝聚力和向心力所在,始终是鼓舞我们的精神支柱和精神力量,始终是团结和动员全国各族人民为实现中华振兴的一面旗帜。

第六章

社科工作者思想政治工作的原则和方法

21世纪的思想政治工作具有多样化、开放性、流通性、主体利益性和求实性、可变性等特点。它也不是过去的关门思想政治工作，而是开放的思想工作。所以，思想政治工作一定要以全球目光与态势来教育人与培养人认识与分析各类矛盾及问题。加之21世纪是信息流通的社会，一种新思潮很易流通。由此，我们要特别注意热点问题对人的思想的影响并及时加以引导，把矛盾解决在激化之前。计划经济时期强调集体利益而贬低个人利益，市场经济社会看重的是个人利益，讲究等价交换。在做社科工作者思想政治工作时，必须坚持实事求是，重视主体利益，坚持平等竞争，公正处事。

一、做好社科工作者思想政治工作的基本原则

思想政治工作是中国共产党的光荣传统。从中国共产党诞生以来，中国社会主义事业之所以能够不断发展、壮大和巩固，除了靠党的路线、方针、政策的正确外，就是由于党有坚强的思想政治工作，始终坚持用共产主义的根本原则教育、启发、激励人民，调动千百万群众的革命积极性和首创精神，保证党的事业不断取得新的胜利。实践已经充分证明，思想政治工作是经济工作和其他一切工作的生命线，它在党的历史上和现在都曾发挥巨大的威力，是我们一切工作取得胜利的可靠保证。新时期社科工作者思想政治工作的根本任务，就是用马克思列宁主义、毛泽东思想、邓小平理论、"三个代表"重要思想、科学发展观、习近平系列讲话精神教育广大社科工作者，激发他们自觉地为社会主义和共产主义事业而努力奋斗。为此，我们必须坚持以下几个方面的基本原则。

1. 坚持以马克思主义为指导

思想政治工作从属于马克思主义的科学理论体系，是以马克思主义哲学、政治经济学、科学社会主义作为理论基础的。江泽民同志曾经强调指出："加强和改进思想政治工作，最根本的是坚持和巩固马克思主义在意识形态领域的指导地位。"这个论断不仅指明了科学理论在思想政治工作中的基础性地位，而且提出了加强和改进思想政治工作的根本性任务。我们必须正确理解和认真贯彻这个重要的指导思想。

第一，坚持马克思主义的指导地位，是由马克思主义的科学价值决定的

马克思主义是指导我们思想的理论基础。我们党之所以始终不渝地

社科工作者思想政治工作若干问题的理性透析

坚持马克思主义的指导地位,是因为马克思主义是值得我们信赖并为之实践和坚持的科学理论。150多年前,当《共产党宣言》刚刚问世时,马克思只有30岁,恩格斯只有28岁,他们一没有金钱,二没有权力,唯一拥有的只是科学真理。他们胸怀为世界最大多数人献身的志向,不懈地探求科学真理,在总结工人运动经验、批判继承人类思想史上的优秀成果的基础上,创立了马克思主义。"正像达尔文发现有机界的发展规律一样,马克思发现了人类历史的发展规律","还发现了现代资本主义生产方式和它所产生的资产阶级社会的特殊的运动规律"。唯物史观和剩余价值两大发现,拨开了重重迷雾,揭示了人类社会特别是资本主义社会的发展规律,实现了人类思想史上一次伟大的革命。正像江泽民同志曾经指出的:"150年前,马克思、恩格斯发表了光辉的著作《共产党宣言》,为世界无产阶级和全人类指明了赢得自身解放的伟大道路。一个世纪以来,世界发生了巨大变化,马克思主义确定的崇高理想依然激励着亿万人民去改造世界、争取自己的美好生活。"实践是检验真理的唯一标准,马克思主义就是被150多年来的无数事实、无数实践证明了的科学真理。所以直到今天,马克思的英名仍然与日月同辉。1999年9月,在美国广播公司组织的网上评选中,马克思被评为千年最伟大的思想家,而且名列榜首。许多投票者说:"马克思对资本主义运作的模式作出了最好的分析……他的思想学说,对于帮助我们认识当今的世界,仍极具参考价值。"正是因为如此,在新的历史条件下,思想政治工作要突出理想信念教育,就不能不坚持马克思主义的指导地位,就不能不用马克思主义关于社会发展规律理论去教育人民、武装人民、引导人民。

第二，坚持马克思主义的指导地位，是夺取社会主义革命、建设、改革胜利的根本保证

党领导中国革命、建设、改革的历史，就是一部坚持和巩固马克思主义指导地位的历史。"十月革命一声炮响，给我们送来了马克思列宁主义。"中国人找到马克思列宁主义这个放之四海而皆准的普遍真理，中国的面目就起了变化了。马克思列宁主义与中国工人运动相结合，产生了中国共产党。以毛泽东为核心的党的第一代领导集体，创造性地把马克思列宁主义同中国革命的具体实际相结合，创立了中国的马克思主义——毛泽东思想。正是在毛泽东思想的指导下，中国人民经过28年的艰苦奋战，经过北伐战争、土地革命、抗日战争和解放战争，推翻了帝国主义、封建主义、官僚资本主义三座大山，取得了民主革命的彻底胜利；中华人民共和国成立以后，我们党继续在马克思列宁主义、毛泽东思想的指导下，领导全国各族人民进行了社会主义革命和社会主义建设，胜利完成了对生产资料私有制的社会主义改造，建立了独立的比较完整的工业体系和国民经济体系，社会主义全面建设取得了很大的成就；党的十一届三中全会以后，我国进入改革开放和社会主义现代化建设新时期。以邓小平为核心的党的第二代领导集体，坚持解放思想、实事求是，在新的实践基础上继承前人又突破陈规，开拓了马克思主义的新境界，创立了当代中国的马克思主义——邓小平理论。正是在邓小平理论的指导下，我们党制定了在社会主义初级阶段的基本路线、基本纲领和基本方针政策，取得了建设中国特色社会主义的新胜利。实践证明，坚持马克思主义的指导地位，我们党制定和贯彻路线方针政策就有了科学指南，发展先进思想和战胜错误思想就有了强大的理论武器，全党全国人民加强团结，始终沿着正确方向前进就有了根本的思想基础。

社科工作者思想政治工作若干问题的理性透析

正如江泽民同志曾经总结指出的:"中国人民在二十世纪进行的可歌可泣的斗争,在革命、建设和改革中取得的巨大成功,是马克思主义的一个了不起的胜利,是科学社会主义的一个了不起的胜利。"今天,我们要把建设中国特色社会主义事业全面推向前进,就必须在以习近平同志为核心的党中央领导下,坚持马克思列宁主义、毛泽东思想、邓小平理论、三个代表重要思想、科学发展观的指导地位不动摇。

第三,坚持马克思主义的指导地位,是抢占思想文化阵地的迫切需要

江泽民同志曾尖锐指出:"思想政治工作的实践说明,我们的阵地如果无产阶级思想不去占领,非无产阶级思想就必然会去占领。"坚持马克思主义的指导地位,是我们立党立国的根本,关系到党变不变色和社会主义转不转向的大问题。执政多年的苏联共产党和第二次世界大战后建立的一些东欧社会主义国家,由于放弃了马克思列宁主义旗帜,从而导致了"红旗落地"。我们党也曾因放松了思想政治教育,出现过"政治风波"。这说明,能否坚持和巩固马克思主义在我国意识形态领域的指导地位,不仅影响着社会主义上层建筑的性质,而且关系到粉碎西方敌对势力对我实施的"和平演变"图谋。就国内形势而言,随着社会经济成分、组织形式、利益分配和就业方式的多样化,人们的价值观念、兴趣爱好、文化选择也就必然会多样化。所以,我们在提倡"百花齐放,百家争鸣"的多元文化发展过程中,必须保证指导思想的一元化,而绝不能搞指导思想的多元化,这个指导思想就是马克思主义。也就是说,我们的多元文化,必须是马克思主义指导下的多元文化。马克思主义的指导地位是这种多元文化的主心骨,有了这个主心骨,才能保证我国文化的社会主义性质,保证我国文化始终沿着进步的方向前进;

有了这个主心骨,才能唱响主旋律,发挥各种不同类型的文化为我国两个文明建设服务;有了这个主心骨,即使意识形态领域出现一些与主旋律格格不入的杂音和噪音,我们照样可以"任凭风浪起,稳坐钓鱼船"。如果动摇了马克思主义的指导地位,在多元文化中缺少了主心骨,这样的多元文化只能是一种无序的、混乱的多元化,最终必将导致我国文化的变质和转向。这是十分危险的。就国际环境来讲,随着冷战的结束,世界多极化趋势在继续,和平与发展依然是现时代的主题,但霸权主义和强权政治有了新的发展,西方敌对势力加紧对我国实施"西化"、"分化"的政治图谋,一方面肆意贬低、攻击马克思主义的真理性和科学性,另一方面通过多种渠道宣扬、兜售他们那一套政治观点、价值观念和思想文化。正如邓小平同志曾经指出的:"西方国家正在打一场没有硝烟的第三次世界大战。所谓没有硝烟,就是要使社会主义国家和平演变。"这表明,在意识形态领域里,马克思主义与反马克思主义、科学与迷信、渗透与反渗透的斗争是长期的复杂的,有时甚至会十分尖锐。对此,我们务必保持清醒的头脑,坚定不移地坚持和巩固马克思主义在我国意识形态领域的指导地位,坚决抵制资本主义意识形态的渗透和侵蚀。正是鉴于意识形态领域斗争的尖锐性,江泽民同志曾经多次强调,在思想政治方面要有"占领"意识,而且要"始终牢固"地占领,不能时紧时松,这样才能"使马克思主义始终牢固地占领思想阵地,使各种唯心论、非马克思主义和反马克思主义的东西没有可乘之机"。

第四,坚持马克思主义的指导地位,是社会主义市场经济发展的必然要求

马克思主义认为,在整个历史发展过程中,经济是基础,是历史发

社科工作者思想政治工作若干问题的理性透析

展的决定因素,没有一件历史事实的起源不能用社会经济来说明,同时,也没有一件历史事实不为一定的政治状况、意识形态所引导,两者交互作用,共同影响和促进社会发展。正是从政治与经济辩证关系的理论思维高度,江泽民同志曾在中央思想政治工作会议讲话中强调:"只有充分发挥思想政治工作的政治优势,才能保证经济工作和其他工作的正确发展方向,才能保证党的路线方针政策落实到各项工作和群众中去,才能及时排除和战胜各种错误东西的干扰,才能巩固和发展全国各族人民共同奋斗的思想政治基础,从而为经济工作和其他工作提供强大的动力与保证。"这无疑说明了坚持马克思主义的指导地位,与发展社会主义市场经济并不矛盾,与社会主义初级阶段的经济成分和经济利益多样化并不矛盾。马克思曾明确指出:"占统治地位的思想不过是占统治地位的物质关系在观念上的表现。"社会主义市场经济条件下,"占统治地位的物质关系"是什么?从所有制结构看,多种经济成分并存,但公有制是主体;从分配制度看,分配方式多样化,但按劳分配是主体。也就是说,我国经济成分的"多样化"是以"主体"为基础的多样化,我国公有制的"主体"是以"多样化"为补充的主体。事物的性质主要是由取得支配地位的矛盾的主要方面所规定的。因此,不管经济成分和经济利益如何多样化,只要坚持公有制的主体地位,中国市场经济的社会主义性质就不会改变。我们坚持马克思主义的主导地位,不仅与这种"占统治地位的物质关系"相适应,而且是巩固和发展这种物质关系的根本要求和根本保证。那种认为既然经济成分和经济利益多样化,指导思想也应多样化的认识,显然是错误的,是不利于社会主义市场经济健康发展的。

第五，坚持马克思主义的指导地位，是加强和改进党的思想政治工作的根本任务

中共中央《关于加强和改进思想政治工作的若干意见》明确指出，"思想政治工作必须坚持以马克思列宁主义、毛泽东思想和邓小平理论为指导"。这说明，坚持马克思主义的指导地位，既是党的思想政治工作的根本原则，又是加强和改进党的思想政治工作的根本任务。我们要做好新时期的思想政治工作，必须从国际和国内、历史和现实的角度，深刻分析新形势下对广社科工作者的思想活动发生作用的客观环境及其基本特点，正确审视和解决那些影响社科工作者思想活动的重大理论问题和实际问题，而要完成这个任务，离不开马克思列宁主义、毛泽东思想和邓小平理论的指导。马克思列宁主义、毛泽东思想和邓小平理论是严密而完整的科学体系，是科学的世界观和方法论。我们掌握了这个"政治上军事上的望远镜和显微镜"，才能科学认识社会主义发展的历史进程、资本主义发展的历史进程、我国社会主义改革实践过程对人们思想的影响，才能科学认识当今的国际环境和国际政治斗争对人们思想的影响，进而做出科学的有说服力的解释和说明，充分发挥革命理论在思想政治工作中的基础性作用。正是从这个意义上说，坚持马克思主义的指导地位，最基础的工作就是用马克思列宁主义、毛泽东思想、邓小平理论、三个代表重要思想、科学发展观、习近平系列讲话精神武装广社科工作者。坚持唱响主旋律，打好主动仗，社科工作者主动地宣传马克思主义，引导广社科工作者不断克服和抵制错误的、落后的、腐朽的思想文化的影响与侵蚀。这些年来，社会上一些与马克思主义、社会主义相违背的言论时有出现，需要引起我们的高度警觉。在事关政治方向和根本原则的问题上，我们一定要旗帜鲜明、毫不含糊地进行积极的思

想斗争，不能听之任之。当然，在批评和斗争中，一定要摆事实，讲道理，以利于教育和团结广社科工作者。只要我们紧密结合我国社会主义改革和建设的伟大实践，紧密结合国际形势发展变化的新的实际，紧密结合社科工作者的现实思想，切实加强对马克思主义的研究和宣传，就一定能进一步坚持和巩固马克思主义的指导地位，开创思想政治工作的新局面。

2. 坚持"实事求是"原则

所谓"实事求是"就是一切从实际出发，理论联系实际，用辩证唯物主义和历史唯物主义的观点进行科学的分析和研究，找出事物存在和发展的规律。早在1941年毛泽东同志就在《改造我们的学习》中讲道："实事"就是客观存在的一切事物，"是"就是客观事物的内在联系，即规律性，"求"就是我们去研究。实事求是实质上是对马克思主义的认识论、唯物论、辩证法和唯物主义历史观的高度概括，也是对中国革命实践的高度总结和概括，它是中国革命胜利和发展之本，是我们社会主义现代化建设立于不败之地的根本保证。

第一，思想政治工作是做人的工作，是研究人的思想和行为活动规律

思想政治工作作为一门研究人的思想活动的科学无疑也具有自身的规律性，它以马克思主义的辩证唯物主义为理论基础，它是理论和实践的统一，它坚持一切从实际出发，按客观规律办事，所以，它必须坚持实事求是的原则。早在20世纪40年代毛泽东同志就倡导了一条以实事求是为核心的马克思主义思想路线。我党正是由于坚持了这一思想路线，革命才得以胜利，社会主义建设才得取得了辉煌的成就。江泽民同志曾在《中共中央关于加强和改进党的作风建设的决定》中强调指出：

"解放思想，实事求是永无止境。"多年的实践证明，什么时候坚持了实事求是，各项事业就会健康稳步发展；什么时候淡忘了这一思想作风，工作就会陷入混乱，就会导致各种各样的问题出现。客观事物在不断变化，人们的实践活动在不断开展，认识也会不断深化。客观规律告诉我们，思想政治工作必须遵循客观要求不断更新，只有顺应了时代的需要而进行的思想政治工作，才有生命力，才会有实效。同时，思想政治工作必须为保证党的路线、方针、政策的大方向而服务，绝不能只为顺应潮流而不顾原则，只顾眼前而不顾长远。否则，思想政治工作就会失去自身的作用，徒有虚名了。随着改革开放的不断深入，一些新的思想甚至一些腐朽落后的旧思想的大量涌入，人们的世界观、人生观、价值观都发生了很大变化。令我们感到忧虑的是实事求是的思想作风在一些人特别是某些领导干部的头脑中也渐渐地淡化起来，对于思想政治工作他们成了口头上的巨人，行动上的侏儒。由于这一问题的存在，在一些地方和单位思想政治工作越来越跟不上时代的节拍，漂浮而缺乏实效，空洞而缺乏道理，致使许多群众在精神上缺乏动力，思想上空虚乏味等等。由此可见，新时期必须加强思想政治工作，这是我党的立足之本。坚持解放思想，实事求是的思想路线和思想作风，是党顺应时代进步潮流，永葆先进性的根本要求。高度重视和加强思想政治工作，切实把思想政治工作这件全党全国人民的大事抓紧抓好，必须坚持实事求是的思想作风。

第二，"实事求是"是马克思主义的思想基础，是辩证唯物主义的主要观点

毛泽东同志一向要求我们要以"实事求是"的态度去做好自己的工作。邓小平同志也曾说过，"实事求是"是马克思主义的精髓。要提

社科工作者思想政治工作若干问题的理性透析

倡这个,不要提倡本本。因此,实事求是,是我们开展思想政治工作中必须严格遵循的一条重要原则,是我们正确地处理思想和认识问题的重要保证。要切实地遵循"实事求是"的原则办事,关键是要对人们思想活动中暴露出来的种种理论问题和实际问题进行调查研究。思想意识问题中有单纯的,也有复杂的;有的符合客观事实,切中时弊,有的掺杂着个人恩怨情感,或凭空捏造、节外生枝。我们要从现实的角度,深刻分析新形势下对人们思想活动发生作用的客观环境及其基本特点,正确审视和解决这些问题。正如江泽民同志曾经在《宣传思想战线的主要任务》一文中所说的:"实行改革开放政策,国门打开了,就会出现一些新的情况。如何积极吸收世界优秀文明成果,同时有效地抵御国际敌对势力对我国进行'西化'、'分化'的政治图谋,帮助人们满怀信心地建设中国特色的社会主义;如何充分发挥市场机制的积极作用,同时有效地防止拜金主义、享乐主义和极端个人主义的滋长蔓延,帮助人们树立社会主义的理想、信念和道德风尚,这是一个重大历史课题。全党都要认真对待,认真研究,认真解决……"要达到实事求是地开展思想政治工作的目的,避免草率之嫌,我们要紧密结合人们在思想认识和工作学习、生活中的新问题,始终要注重客观现实,从事物的原本出发,细致地弄清问题的真相。对已经取得的丰富的感情材料进行对比、分类,使隐藏在其中的本质和规律显现出来,然后鉴别其真伪,并去伪存真,由此及彼,由表及内。思想政治教育要有的放矢,对症下药,不能照本宣科,空喊口号。要坚持把先进性要求与广泛性要求有机结合起来,从而形成正确的思想认识和找出恰当的工作方法。当然,世界的物质统一性和物质形态的多样性,决定了客观事物的差异性。即社会是错综复杂的,人们的思想和认识问题也是千差万别、各不相同的。在思想政治工作中，也会受到自身主观条件的制约和影响，受被调查对象和客观条件的影响，导致对事物的认识带有一定的局限性。为此，我们一面要注重学习，以掌握唯物辩证法、知识经济、科学技术、法律、心理、自然科学、行为科学等多方面知识，以提高自身的知识水平和思考能力。要注重倾听各方面的意见，克服和减少自身思想认识的局限性，从而达到学习与运用、理论与实践、主观与客观的高度统一，以确保思想政治工作导向正确，基调平稳，效果良好。

3. 坚持以人为本原则

思想政治工作必须坚持"以人为本"，当下已成为我们社科工作者经常挂在嘴边的一句"时髦"的话。时代在发展，社会在前进，一个"新生事物"要有生命力，那绝不是因为它讲得多么动听和时髦，而是在于它有其深刻的内涵和历史必然性。因此，我们很有必要从理论和实践的结合上去探个究竟。

第一，坚持"以人为本"是马克思主义的本质要求

"人的全面发展"始终是马克思、恩格斯关注的重大问题之一。在《1844年经济学哲学手稿》中，马克思就提出：共产主义是使人以一种全面的方式，也就是说，作为一个完整的人，占有自己的全面的本质。在《关于费尔巴哈的提纲》中，他又指出，人的本质并不是单个人所固有的抽象物，"在其现实性上，它是一切社会关系的总和"，从而确立了考察人的全面发展的理论前提。在《共产党宣言》中，马克思、恩格斯进一步将人的发展概括为"每个人的自由发展是一切人的自由发展的条件"。可以说，关于"人的全面发展"的思想是贯穿于马克思、恩格斯的整个学术生涯之中，是马克思主义理论的重要组成部分。

马克思主义关于"人的全面发展"的思想涵盖了人的需要、活动

能力、人性、人的社会关系等各方面的丰富和发展,以及人的价值的全面实现,可以说重视人的作用,一切为了人,是马克思主义关于"人的全面发展"思想的本质含义。

思想政治工作是以"人"为主体的工作,因此,它必然要求遵循马克思主义关于"人的全面发展"的思想理论,也就是说要重视人的作用。而思想政治工作坚持"以人为本",讲的就是要以人为根本,亦即以人为核心、为根基,以实现人的利益和价值为目的。其实质就是要重视人的作用,适应人的发展和需要,按照人的意愿办事,关心人、尊重人、理解人。所以,坚持"以人为本",不仅符合马克思主义关于"人的全面发展"思想,而且是马克思主义关于"人的全面发展"思想的本质要求。

第二,坚持"以人为本"是社会不断发展进步的必然选择

"人的全面发展"是一个复杂的、艰苦的客观历史过程,是一个不断提高、不断完善的历史过程,是一个与社会政治、经济、文化发展相统一的历史过程。马克思主义认为,人的全面发展作为人自身发展的最高形态,是人类发展的必然趋势。要实现这一最高形态,绝不是一件轻而易举的事,必须经过一个长期的历史过程。因为最终实现人的全面发展有三大必备的条件:这就是要充分发展生产力;彻底消灭私有制、不合理分工和人的异化,建立起自由人的联合体;全面提高人的素质。所以,任何企图超越社会历史发展阶段,提前实现这个目标的主观设想,只能是不切实际的空想。

过去,在革命战争年代和建国初期,中国人民所面临的压倒一切的首要问题是生存问题。"人的全面发展问题"客观上受到了很大限制。改革开放三十多年来,中国的经济取得了举世瞩目的伟大成就,它为

"人的全面发展"创造了良好的舆论氛围和物质基础。在这个时候，党中央及时提出"人的全面发展"问题，无疑是极具战略眼光和深远意义的。

第三，坚持"以人为本"是思想政治工作的现实需要

目前，我国正处在改革的攻坚阶段和发展的关键时期，社会情况发生了复杂而深刻的变化，经济成分和经济利益多样化、社会生活方式多样化、社会组织形式多样化、就业岗位和就业方式多样化日趋明显，给思想政治工作带来大量新情况、新问题。如，随着国家的全面开放和政治体制、经济体制的深化改革，人民群众的思想观念、价值取向和行为方式发生了深刻变化。随着社会主义市场经济的确立和发展，人们的自我意识、独立意识、平等意识及民主意识不断加强；人们的物质利益观念大为增强，并呈现出一种日趋强化的趋势。

面对现实，思想政治工作必须勇敢正视，必须更新观念，调整思路，改进方法，树立积极主动"适应"的新观念，切实把思想政治工作放在改革开放的大环境中来审视和筹划，及时更新和改进与环境发展不相适应的观念、内容、方法和工作体制。而客观科学的思路之一就是要坚持"以人为本"，即从既有的历史前提出发，在尽可能广泛的范围内和能够达到的程度上努力促进人的全面发展。这里，要特别注意两个方面的问题。一方面是强调思想政治工作要坚持"以人为本"原则，就是要立足实际努力去为人的全面发展创造良好的条件。要尊重人的个性发展，努力让具有各种不同个性的人有自己的活动天地，能充分发挥自己的积极作用。另一方面，就是思想政治工作坚持"以人为本"，要防止不顾客观现实，一味讲究"人的个性发展"，放任、迁就一些人的错误思想和行为。

社科工作者思想政治工作若干问题的理性透析

在新的历史条件下,思想政治工作必须坚持"与人为本"原则,能更好调动、激发广大人民群众的积极性和创造性,能更有利于增强思想政治工作的针对性和有效性,因此,它必然成为我们社科工作者新时期思想政治工作需要坚持的一个重要原则。

总之,人是靠利益驱动的。人有物质和精神二重利益,即生理的需求、安全的需求、社交的需求、尊重的需求、自我实现的需求。近些年来,我们在反对主观唯心主义的同时,有的人又走上了机械唯物主义道路。片面强调人的物质利益与需要,把人变成了单纯靠物质利益驱动的经济动物。这样一来,使有的人在金钱面前失去了人的本性,变得野蛮与贪婪。以人为本的思想政治工作原则,也就是尊重人、关心人、理解人、服务人的原则,不是单纯用金钱和物质去收买人心的原则。

3. 坚持服务原则

以人为对象,解决人的思想、观点、政治立场问题,提高人们思想觉悟的工作。思想政治工作是党的工作的重要组成部分,是实现党的领导的重要途径和社会主义精神文明建设的重要内容,也是搞好社科工作和其他一切工作的有力保证。思想政治工作必须服从和服务于党的中心工作,具有鲜明的党性、实践性和群众性。它以马列主义、毛泽东思想、邓小平理论、"三个代表"重要思想、科学发展观、习近平系列讲话精神为指导,用共产主义思想体系教育党员、干部和群众,使人们确立正确的立场、观点,掌握正确的思想方法和工作方法,自觉地为实现党的当前的和长远的革命目标和任务而努力奋斗。思想政治工作是一门科学,其理论基础是辩证唯物主义和历史唯物主义,把马克思主义的建党学说、心理学、教育学、社会学、伦理学等融为一体,是一门综合性的应用科学。它有其固有的工作规律和特点,还有经过实践反复检验的工作基本原则和科学的工作方法。思想政治工作和经济工作及其他一切工作的关系不是领导和指导关系,而是服务和保证关系,即为经济工作和其他一切工作服务,保证经济工作和其他一切工作的社会主义性质和方向。思想政治工作是中国共产党的传家宝,无论是在革命战争时期还是社会主义建设时期,我们党和毛泽东同志都十分重视思想政治工作。1955年,毛泽东同志提出了"政治工作是一切经济工作的生命线"的科学论断,这是对思想政治工作的地位和作用的形象概括。中共中央《关于建国以来党的若干历史问题的决议》充分肯定了这一论断,指出:"思想政治工作是经济工作和其他一切工作的生命线",并强调这是"具有长远意义的重要思想"。在这种新的形势下,思想政治工作要为实现党的基本路线服务。广大社科工作者要继承和发扬党的思想政治工作的光荣传统,努力创造适应新形势的思想政治工作的有效方式和途径,切实把思想政治工作贯穿于建设和改革的每个领域中,激励人们的积极性、创造性和献身精神,把全民族的力量凝聚到建设中国特色社会主义的宏伟事业上来,保证我国现代化建设沿着社会主义方向健康发展。

思想政治工作的一项基本任务,就是通过思想教育和政治引导,来提高人们的思想认识,调动人们的积极性,促进工作目标的实现。但是思想政治工作作用的发挥也离不开一定的物质条件。思想政治工作与物质利益相结合,是我们党一贯提倡的一个重要原则,在改革开放和发展社会主义市场经济条件下尤其要遵循这一原则。主要体现在:一方面,服务于经济建设。马克思主义认为,思想政治工作是为经济基础服务的。极左思潮把两者的关系搞反了,不是要思想政治工作为经济建设服务,而是让经济建设服务于思想政治工作,我们一定要把这种不正当的关系纠正过来。另一方面,服务于群众。过去做思想政治工作不是服务于群众,而是服务于领导,靠政治帽子去压服与控制人。思想政治工作服务于经济,也就必须服务于群众。因为发展经济要依靠群众的力量,不为群众服务,思想政治工作服务于经济建设这个中心就是一句空话。思想政治工作要服务于经济建设这个中心,思想政治工作者就要到经济、文化建设的第一线去,提高劳动者的积极性和创造性,为广大劳动者服务,解决生产战线上广大群众的困难和问题,推动生产力发展。要变别人找我解决困难和问题的"官爷"态度,为主动为别人服务的思想工作态度。不改变"老爷式"的思想工作态度和作风,只能使思想政治工作流于形式。

4. 坚持"四有"原则

在思想政治工作的目标上要坚持培养"有理想、有道德、有文化、有纪律"的"四有"新人原则;在思想政治工作的内容取舍上,要坚持"用科学的理论武装人,用正确的舆论引导人,用高尚的精神塑造人,用优秀的作品鼓舞人"的原则。这"四有"、"四人"原则,既是邓小平给我们提出的科学原则,又是我们党长期思想政治工作的经验总结。当然,在推行这些原则时,不能用单一说教方式,要在环境文化氛围建设和潜移默化教育人上多下工夫。在一个健康文化环境中,坏人进去也不敢再做坏事;在一个腐败的单位,好干部调去也会变坏。今天的社会是高速流动的社会,人员在流动,思想在流动。唯有建设好单位、社区,集体文明,才能巩固发展个人文明。

"四有"公民的培育,是一个长期过程。培育"四有"公民,首先要以科学的理论武装人。理论是实践的先导,没有科学的理论武装,就没有正确的舆论导向,就没有思想教育和弘扬主旋律的明确方向。邓小平理论是我们党的指导思想、民族的精神支柱,是指导改革开放和社会主义现代化建设的光辉旗帜。用科学理论武装人,目的就是要坚定人们建设中国特色社会主义的理想信念,坚定人们推进改革开放和现代化建设的信心;就是要帮助人们努力掌握解放思想、实事求是这个精髓,提高运用马克思主义基本原理认识客观世界、解决实际问题的能力;就是要帮助人们认清和把握大局的意义,提高把握大局的本领,在推进改革和建设过程中始终自觉维护社会政治稳定。

培育"四有"公民,要以正确的舆论引导人。舆论导向正确,是党和人民之福;舆论导向错误,是党和人民之祸。正确的舆论导向,能够凝聚人心,振奋精神,激励斗志,促进团结;错误的舆论导向,则会混淆视听,涣散人心,瓦解斗志,造成政治、经济和社会不稳定。改革开放以来正反两方面的经验教训告诉我们,舆论导向至关重要。当前为改革开放和现代化建设创造一个良好的舆论环境,把握正确舆论导向更加重要。坚持正确舆论导向,最根本最重要的就是要坚持党性原则,坚持实事求是,坚持团结稳定鼓劲、正面宣传为主。近年来,新闻舆论工作始终围绕全党全国工作大局,牢牢把握正确舆论导向。围绕建立社会主义市场经济体制,配合各项重大改革措施的出台和加强经济宏观调控等重要工作,及时宣传党的方针政策,成效很大。今后,我们仍然要高度重视并切实做好舆论引导工作。

培育"四有"公民,要以高尚的精神塑造人。以高尚的精神塑造人。对于培育"四有"公民非常重要。江泽民同志曾经指出,我们所说的高尚精神"是指我们党的崇高理想和信念、优良传统和作风,包括中华民族几千年来形成、发展起来的优秀传统文化和美德"。这些精神既体现了共产党人的优良作风,又继承了中华民族的传统美德;既凝聚

社科工作者思想政治工作若干问题的理性透析

了长期创业的宝贵经验,又具有鲜明的时代特色,是我们建设中国特色社会主义的强大精神力量。以高尚的精神塑造人,要求我们加强以爱国主义、集体主义、社会主义为核心的思想道德教育,广泛开展群众性精神文明创建活动。近年来,思想道德教育和群众性精神文明建设活动大大加强。以高尚精神塑造人的工作进展明显,制定颁布了《爱国主义教育实施纲要》,确定了一批爱国主义教育基地,推出了一批先进典型,推动了爱国主义、集体主义、社会主义教育的深入。要从新的形势出发,着眼实际,充分利用当前全党加强和改进思想政治工作和精神文明建设的大环境,把以高尚精神塑造人的工作做好做实。

培育"四有"公民,要以优秀的作品鼓舞人。以优秀的作品鼓舞人是满足人们日益增长的精神和文化生活需求、繁荣社会主义文艺的需要提出的一项重要任务。优秀的文艺作品对于提高群众的思想境界,鼓舞群众团结奋斗,推动社会进步,能够发挥出巨大的、无可替代的作用。在推进改革和建设过程中,尤其需要发挥文艺作品的这种作用。

总之,我们要继续做出不懈的探索和艰苦的努力,努力培育"四有"新人,为加强经济建设、政治建设、文化建设、社会建设、生态建设、党的建设做出新的贡献。

二、社科工作者思想政治工作的方法

人类的思想政治工作方法经历了几个时期。奴隶社会使用的是强制法,封建社会是宗教加礼教法。在过去较长时期里,我们较多运用灌输式的方法。改革开放以后灌输式逐步失去了威力,"灵魂"与"统帅"作用也不再提了。因而兴起了灌输讨论式加娱乐式、吃喝式、经济式、与走过场式。

思想政治工作的科学方法包括思想政治工作的科学研究方法和思想政治工作的具体方法。思想政治工作的科学研究方法，是探索和总结思想政治工作过程中人的思想和行为活动的规律与特点的方法。思想政治工作的具体方法，是教育者直接对受教育者施加影响并使受教育者的思想转化产生有效作用的手段。思想政治工作就是在正确理论的指导下，根据形势变化和时代要求，综合运用思想政治工作的科学研究方法和具体方法，调动人的积极性、主动性和创造性。思想政治工作的科学方法是实现思想政治工作社会化、科学化、现代化的基础。

新世纪的思想政治工作方法必须实行启发式和平等讨论式。只有通过民主讨论才能弄清是非，提高觉悟；服从真理，修正错误。这就要求思想工作方法多元化，形成思想工作网络。思想政治工作应由政工干部、各级领导、各类媒体网络以及人民群众共同来做。21世纪是个流动社会，正式群体活动会大大减少，不稳定的非正式群体会大大增多。如果单靠政工干部来做思想政治工作，那就很难把思想工作做到每个人身上，非正式群体的问题和矛盾也很难及时得到解决。21世纪的思想政治工作一定要现代化，要充分运用现代科技手段。例如，网络、音像系统，要形、声、意有机结合。不能再靠坐在办公室里，今天出一个文件，明天出一个文件；政治思想工作也不能靠把大家召集在一起念文件或空谈，要讲实效，办实事。因此，一定要深入到人类活动市场中去做思想工作，尤其是文化生活市场。21世纪是法治时代，依法治国也是思想教育工作的重点。政治是国家的政治，国家靠法律来治理。如能教育好人民都依法行事，遵纪守法，社会面貌也就自然好了，政治也就体现出来了。思想政治工作的科学化包括手段、内容、方式、方法科学化

社科工作者思想政治工作若干问题的理性透析

等多方面。这就要求,在思想、政治、觉悟、品德等各方面都要有可评定、可操作的指标,要将计算机广泛运用于思想政治工作,科学地管理人的思想与政治,克服过去那种"说你好,你就好,不好也好;说你不好,你就不好,好也不好"的主观评定人的思想政治工作现象。总之,新世纪是一个复杂多变的世纪,也是人们的思想问题层出不穷的世纪,我们社科工作者一定重视思想政治工作和努力做好思想政治工作。

1. 符合实际情况和工作对象

思想政治工作在改革开放和现代化建设的新时期,完成了从"以阶级斗争为纲"到"以经济建设为中心"的转变之后,开始并正在经历着两个新的转变;从适应计划经济体制到适应社会主义市场经济体制的转变;从单向灌输、注重号召到双向交流、注重引导的转变。这两个转变是思想政治工作的外部环境和工作对象的深刻变化所要求的。一方面,在改革开放和发展社会主义市场经济的过程中,我国经济成分和经济利益、社会生活方式、社会组织形式、就业岗位和就业方式出现了多样化的情况;高新技术发展迅速,特别是信息传播技术日新月异,对社会生活的影响越来越广;对外开放的不断扩大,各种思想文化相互交融激荡,西方敌对势力也利用世界社会主义运动处于低潮的机会,加紧了对我的"西化"、"分化"活动。另一方面,人们的思想观念和价值取向发生了新的变化;人们在职业之间、产业之间、地域之间出现了大范围流动;人们在一定的利益和需求基础上形成多种多样的利益群体和社会组织;人们的思想活动也呈现出自主独立、活跃易变、复杂多样的特点。思想政治工作在推进两个转变的进程中,适应新形势新变化,研究新情况新问题,不断探索新途径、新办法,开创了新的局面。总结各地各部门的生动实践和新鲜经验,新时期思想政治工作具有以下几个新的特点：

一是明确的政治性。新形势下思想政治工作，是经济工作和其他一切工作的生命线。思想政治教育，是团结全党全国人民进行伟大政治斗争的中心环节。改善党的领导，其中最主要的，就是加强思想政治工作。现阶段思想领域的矛盾和斗争非常错综复杂，有时还表现得相当激烈。我们一定要坚持讲政治，旗帜鲜明地同各种错误思潮进行斗争，绝不能任其自由泛滥。必须从巩固党的执政地位、完成党的历史任务的高度，充分认识和高度重视思想政治工作。

二是突出的服务性。改革开放以来，随着党的工作重心从"以阶级斗争为纲"转移到"以经济建设为中心"上来，思想政治工作的服务功能也日益突出。一方面，思想政治工作紧紧围绕经济建设中心，为全党全国工作大局服务。通过深入细致、扎实有效的工作，统一思想，凝聚力量，鼓舞士气，促进改革发展，维护社会稳定，为我国社会主义现代化建设提供强有力的精神动力和思想保证。另一方面，思想政治工作应坚持群众观点，全心全意为人民服务。在新形势下，特别是在改革攻坚阶段和发展关键时期，人民内部矛盾呈现比较复杂的情况。思想政治工作已经成为解决新时期人民内部矛盾的重要手段和途径，并发挥着积极的作用。

三是鲜明的针对性。在社会主义市场经济条件下，东西部之间、城乡之间、不同行业职业之间经济发展和生活状况不平衡；各种各样的社会经济组织和社会群体不断涌现；人们的思想状况、价值观念也千差万别，不同层次的对象在不同环境中物质文化需求也各不相同。思想政治工作切忌"一刀切"、"一锅煮"、"上下一般粗"，必须区分层次，有的放矢，根据不同地域、不同行业的实际以及不同群体的特点和思想状

社科工作者思想政治工作若干问题的理性透析

况,确定不同的教育内容,采取不同的工作方式,努力增强针对性和实效性。

四是广泛的民主性。随着社会主义市场经济体制的建立和社会主义民主政治的发展,人民群众的自主意识、竞争意识、民主意识、法制意识逐步增强。思想政治工作要适应广大人民群众行为方式和思维方式的积极变化,坚持以人为本,贯彻民主和疏导的方针,尊重人、理解人、关心人,倡导平等、互助、和谐的人际关系。思想问题要用说服、疏导的方式去解决,而不能用行政命令和压制方式去解决。要平等待人,真诚待人,以情感人,以理服人,使思想政治工作由"说教式"、"号召式"向"引导式"、"启发式"转变,向"参与互动式"转变,使广大社科工作者入脑入心,口服心服。

五是显著的群众性。在我国,人民群众既是思想政治工作的对象,又是思想政治工作的主角。要充分认识人民群众的伟大创造力,尊重人民群众的首创精神,用人民群众在实践中创造的新经验、新业绩,充实丰富思想政治工作的内容,改进方式方法。要相信和依靠群众,采取多种形式,运用多种载体,吸引群众广泛参与,启发群众自我教育、自我提高,以及相互教育、共同提高。

六是方式的多样性。随着改革开放和现代化建设的发展及现代高新技术的进步,思想政治工作可选择的方式、手段日益增多,加之人们工作条件和生活环境的不断变化,也要求思想政治工作采取多种多样的方式。现在,既有一些好的传统的方式,又有适应形势要求应运而生的新方式;既有运用现代传媒和高科技手段的方式,又有利用其他各种手段的方式;既有普遍性教育方式,又有群众性的自我教育方式;既有针对社科工作者的教育方式,又有针对不同群体不同对象的教育方式,形成了新时期丰富多彩的方式方法。

七是内容的丰富性。现代化建设的伟大实践源源不断地为思想政治工作提供生动丰富的新内容。我们社科工作者要充分运用这些内容，在实践中不断充实、拓展。既要坚持不懈地进行正确的理想信念教育，又要针对新形势下人们的精神渴望和心理需求，以科学和知识开启心智，培养良好品质，提高意志能力；既要加强政治理论和革命传统教育，又要吸收时代内容，引导人们树立适应社会主义市场经济发展的新思想、新观念；既要加强理论路线、方针政策和法律法规的正面教育，又要有力鞭挞和批判各种错误思潮和腐朽愚昧思想，倡导健康文明的生活方式。只有不断丰富和发展思想政治工作的内容，才能适应不断变化了的形势和要求。

2. 讲究效果，注重创新

在社会主义市场经济迅猛发展的今天，如何让社科工作者正确看待社会的发展变化，正确认识自己，找准自己的位置，已成为摆在社科工作者面前的一个重要课题。那么，如何改进和创新思想政治工作的方式方法。

第一，认清形势，明确任务

正确分析和认识新形势下社科工作者思想行为状况及其存在的问题，既是有的放矢、增强思想政治工作针对性和实效性的前提条件，更是从实际出发、积极探索社科工作者思想政治工作新路子的重要依据。因此，我们必须清楚地认识到当代社科工作者除了在思想政治方面表现出对党和政府高度信任、对国家政治经济发展前景充满信心、爱国主义热情持续高涨等积极向上的良好态势外，还有以下影响社科工作者思想政治工作的新趋势需要引起足够重视。

一是社科工作者面临前所未有的心理压力。随着经济改革的不断深

社科工作者思想政治工作若干问题的理性透析

化、能进能出、年度考核的压力已把社科工作者推向了竞争日趋激烈的社会。对社科工作者来说，一方面，他们为了发展自己、彰显科研能力而欢呼雀跃，这使得社科工作者更加努力学习，注重个人能力的培养和素质的全面提高；另一方面，社科工作者担心考核机制会被"暗箱操作"所玷污。他们渴望实现人生价值，但又怀有程度不同的茫然与失落，因而当代社科工作者面临着前所未有的心理压力。据国家权威部门的一项抽样调查发现，20%的社科工作者曾经有过不同程度的心理障碍。

二是当代社科工作者正经历着学习领域革命。为了迎接知识经济时代的到来，应对知识经济的挑战，社科界不断更新观念，改革体机体制，完善相关管理模式，不断引进和培养适应性强、具有创新精神的全面发展的高水平科研人才。当代社科工作者正在经受这场改革浪潮的洗礼，经历着从学习观念、学习方法、专业学习到学习手段等各方面的深刻变革。这也为社科工作者创造性地开展工作提出了新课题。

第二，创新方法，注重实效

社科工作者要认真研究知识经济迅速崛起和社会主义市场经济条件下出现的新情况、新问题，积极改进思想政治工作的方式方法，不断开辟新途径，总结新经验。要把社科工作者思想政治工作做好、做活，增强思想政治工作的亲和力，就要做到和社科工作者保持心与心的沟通，让他们感觉到是朋友关系；要注意观察，广泛了解社科工作者的心理动向，同时不放过每一个社科工作者遇到的困难，不管是心理方面、生活方面还是其他方面，特别要重视困难社科工作者存在的种种实际困难和各种思想问题。

首先，从组织机构来讲，要成立诸如心理咨询中心来统一管理社科工作者心理咨询的各项事务。政工干部、思想政治工作专家应是该中心的主要成员，还可以聘请心理学和教育学专家作为该中心的兼职人员。其次，要把思想政治工作寓于心理咨询之中。要鼓励社科工作者打好基础，拓宽专业，以便增强今后纵深发展的竞争力。要结合社科工作者在学习和工作过程中出现的各种心理问题，积极开展各种心理咨询活动，帮助社科工作者了解国家政策，积极主动而又身心愉快地走向社会，为社会主义现代化建设献计献策。

作为一个思想政治工作者，要做好自己的本职工作，就应本着对社科工作者负责的态度，立足本职、扎实工作、不断创新，带好自己的社科工作者，使他们在生活上无忧，在工作上努力，更使他们在今后的道路上充满信心；作为一名党员，应履行好一名党员的职责，以实际行动实践"三个代表"重要思想，为更好地开展哲学社会科学工作尽一份心，出一份力，真正做到永葆共产党员的先进性。

总之，社科工作者要始终不渝地全面贯彻党的方针，坚持讲党性，充分发挥思想政治教育阵地、主渠道的作用，多方面促进社科工作者全面发展。要坚持思想政治教育与自我教育相结合，既充分发挥思想政治教育引导作用，充分调动社科工作者的积极性、主动性、创造性。要坚持政治理论研究与社会实践相结合，注重引导社科工作者深入社会、了解社会、服务社会。要坚持解决思想问题与解决实际问题相结合，既以理服人又以情感人，增强思想政治工作的实际效果。要坚持教育与管理相结合，把思想政治教育融入单位管理之中，建立自律与他律、激励与约束有机结合的长效工作机制。要坚持继承优良传统与改进创新相结合，坚持党的思想政治工作的优良传统，积极探索新形势下社科工作者思想政治教育工作的新途径。

社科工作者思想政治工作若干问题的理性透析

3. 创新思想政治工作方法的具体选择

高度重视思想政治工作,充分发挥思想政治的重要作用,是我们党的优良传统和政治优势,也是哲学社会科学事业发展的本质要求。我们要看到世界经济全球化、政治多极化正在加剧,各种文化潮流都在激荡,信息技术飞速发展,这些都对思想政治工作提出了新的要求,也加强了思想政治工作的复杂性、艰苦性。那么,如何加强和改进社科工作者思想政治工作呢?

第一,抓好以"社会主义荣辱观"为主要内容的思想道德建设

培养社科工作者树立正确的世界观、人生观和价值观,深刻认识社会主义荣辱观教育的必要性、重要性和紧迫性,把社会主义荣辱观教育放到思想政治工作的重要位置,作为思想政治教育的一个重要内容、基础性工程和长期任务,切实抓实抓好。一要抓好社会主义荣辱观教育进社科工作者头脑工作。不断地探索创新社会主义荣辱观与思想政治工作有机结合的方式方法。二要创新学习载体和实践形式,开展好内容丰富,形式多样,以"知荣辱、树新风、讲文明、促和谐"为主题的道德实践活动,把社会主义荣辱观要求渗透到社科工作者日常生活工作之中,在内化上下工夫,引导社科工作者从我做起,从身边做起,从点滴小事入手,把"八荣八耻"转化为自觉行动,不断提升道德认知。三要把社会主义荣辱观教育作为精神文明建设的指针,在文化建设、学风建设、作风建设等方面贯穿社会主义荣辱观的要求。

第二,思想政治工作的创新重点

一是要重视社科工作者的自我教育。当代的社科工作者思维活跃,创新意识和自主意识很强,因此要重视社科工作者自我教育、自我管理、自我服务的作用,形成一套有效的办法和措施。要充分发挥社科界

党员的先锋模范作用，配合政工干部做好思想政治工作。要加强社科界团总支、团支部和社团建设，充分发挥他们在思想政治教育中的积极作用。要支持和引导社科工作者积极参与民主管理，维护社科工作者的正当权益。通过组织开展各种生动有效的思想政治教育活动，给社科工作者更多认识自我、表现自我的机会，培养社科工作者独立、自主、自治的精神，提高自我教育能力。

二是要建立平等沟通的渠道。如何与社科工作者进行思想交流是做好思想政治工作的前提，据调查，很多社科工作者有了思想问题不愿告诉政工干部，对政工干部敬而远之。由于不能掌握第一手信息，很多问题的发生不能控制在萌芽中。同时我们要积极探索更多的思想沟通的方法和途径，与社科工作者之间架起一座"心桥"，使思想政治教育顺利"抵达"社科工作者的头脑和心灵，从而使思想政治工作事半功倍。

三是要坚持思想政治教育与解决实际问题相结合，为社科工作者排忧解难，既讲道理又办实事，做到春风化雨，润物无声。我们每解决一个问题就是一次思想工作，解决问题的过程就是思想政治工作的过程，充分发挥思想政治工作的渗透性和实效性。

第三，深入开展心理健康教育

当代社科工作者身上所暴露的主要问题往往不在政治上、道德上，而是在心理上。根据调查发现，在社科工作者中心理问题或多或少，或轻或重都有，特别需要帮助和化解心理问题。应该把思想政治工作的重点转向心理健康教育上来。一要强化心理健康教育服务功能。由于心理问题的隐秘特征，当社科工作者表现出某种需求时，要及时提供心理帮助，强化心理健康教育服务功能。二要尽快解决心理健康教育师资，单位应聘请一名专职心理教育专职人员，根据要求开设心理健康辅导。三

社科工作者思想政治工作若干问题的理性透析

要采取多种形式帮助社科工作者释放心理能量。继续完善心理咨询室的软硬件建设，充分发挥心理咨询室开展心理咨询、心理检查、心理辅导的作用，重点开展对家庭困难的干部职工心理辅导，帮助他们克服困难，经受考验，提高承受挫折的能力。四是要加大对心理健康教育的投入，使心理健康教育基本满足他们的需求。

第四，加强思想政治教育工作队伍建设

充分发挥各级党组织、领导干部在思想政治教育工作领导作用，落实党委统一领导、党政群团齐抓共管、各部门各负其责的领导体制和机制。定期召开思想政治工作联席会议，及时解决思想政治教育的热点和难点问题。继续落实好党委政府关于加强社科工作者思想政治教育工作实施意见，保证思想政治教育经费、人员的到位，建立考核奖惩制度，形成思想政治教育工作的长效机制。社科界的各部门要主动履行职责，齐抓共管，增强合力，形成良好的工作局面。

4. 思想政治工作的有效载体

思想政治工作主要包括常规思想工作、思想教育工作、常规政治工作和政治教育工作四个方面。其中常规思想工作主要是说服疏导和解疙瘩的工作，当有些群众有时对某个问题或事件想不通想不明时，说明群众的思想和思维有一些障碍，这时就需要通过思想工作排除思想障碍，疏通思维的环节；人的思想有好坏之分，思想觉悟有高低之分，因此就要有思想教育工作，思想教育工作主要是提高人们的思想觉悟和道德水平；常规政治工作是指要落实和贯彻执行党和国家的路线、方针和政策；我们是共产党执政的社会主义国家，我们的政治教育工作就不能放松，就要对全体社科工作者特别是青年社科工作者进行共产主义理想教育。要做好社科工作者思想政治工作涉及许许多多的因素，其中社科工作者思想政治工作的载体建设就是一个非常重要的方面，而且已经越来越受到人们的重视。

第一，加强社科工作者思想政治工作载体建设的重大意义

社科工作者思想政治工作的主要任务，首先是把社科工作者培养成为有理想、有道德、有文化、有纪律的社会主义事业的建设者；第二是让社科工作者掌握马克思主义的立场、观点和方法，学会用辩证唯物主义和历史唯物主义认识问题、分析问题和解决问题；第三是培养社科工作者的创新精神和思维能力；第四是培养社科工作者健康的心理。

要实现这样的任务，就要建设一定的载体。社科工作者思想政治工作的实践告诉我们，一切思想和观念，都必须有一定的物质依附，或者说必须有一定的物质承载。要进行爱国主义教育，就要有相应的事例和相应的场馆，事例和场馆就是载体；要进行优良传统教育，就要有相应的历史文献和历史文物；要进行艺术教育，就要有相应的艺术作品等等。每一种载体，都要有相应的情感注入其中，而且还包括某种道德伦理及思想内容和政治内容，如果承载这些情感和思想政治内容的载体适宜，那些情感和思想政治内容等就会得到广泛传播，反之，纵有良好愿望也枉然。可见，载体建设之于社科工作者思想政治工作的重要性，就在于它实质上是一定思想观念的物质化、外化和直接现实。社科工作者思想政治工作，就其本质而言，都必须通过一定的载体才能实现。例如，对社科工作者进行邓小平理论的教育要达到这样几个目的：一是要使社科工作者坚定指导思想；二是要使社科工作者坚定走中国特色的社会主义道路的信念；三是要使社科工作者增强走建设中国特色的社会主义道路的信心；四是要使社科工作者对党的中央领导集体充满信任；五是要使社科工作者掌握邓小平理论的科学体系和理论精髓，掌握马克思

社科工作者思想政治工作若干问题的理性透析

主义的立场、观点和方法,提高分析问题和解决问题的能力。要实现这些目的,必须要利用好、设计好相关载体。可见,载体的建设过程,实质上就是社科工作者思想政治工作的进行过程、加强过程、改进过程和落实过程。平时在一些人眼中很"虚"的思想政治工作,其实非常实,实就实在它在对象和载体两方面都能直接体现,因而其存在、作用和效果都是看得见、摸得着的。加强和改进社科工作者思想政治工作,落实是关键;而能否真正落实的关键,则很大程度上在于是否能够建设起各类思想政治工作的相应载体。

第二,社科工作者思想政治工作载体的类型与建设

首先,社科工作者思想政治工作的载体类型可以粗略地区分为信息工具类、活动场所类、教育基地类、创建活动类和社团组织类等几类载体。新闻、出版、书籍、报刊、互联网等,可以被看作是信息工具类载体;影剧院、博物馆、纪念馆及各种"活动中心"等,可以被看作是活动场所类载体;社会实践基地、爱国主义教育基地、军民共建基地等,可以被看作是教育基地类载体;各种群众性精神文明创建、校园文化活动等,则可以被看作是创建活动类载体;党校、团校、双学小组、社科工作者社团等,则可以被看作是社团组织类载体。

各种类型的载体,各有所长,各司其职,共同构成社科工作者思想政治工作的载体体系。在一个健全的社会思想政治教育体系及氛围中,它们互为补充,相互促进,形成一种良好互动的机制,共同为加强和改进社科工作者思想政治工作发挥作用。

其次,以求真的态度促进载体建设。这包括两方面:一是自己要坚持真理,坚信科学。例如,讲授邓小平理论,社科工作者首先要坚信它是科学、是真理,如果你自己都怀疑,那你怎么做一个合格的社科工作

者？我们应该深信马克思主义、毛泽东思想和邓小平理论的科学性和真理性。作为社科工作者也是这样，只有相信它，才会去学习它、理解它，进而掌握它。二是要按思想政治教育的规律进行学习与研究。例如邓小平理论的学习与研究要结合我国改革开放30多年的辉煌成就，让社科工作者去感受到、体验到邓小平理论的真理性和科学性。再比如，我们为什么要进行思想政治工作？宏观上讲很简单，因为思想政治工作是保障、是灵魂、是搞好一切工作的生命线。如果我们能说得更具体一些，操作更容易一些，那么通过学习这个载体可以达到三个目的：第一，使受教育者在精神财富上，或者是知识拥有上更富有一些。因为我们学习的马克思主义、毛泽东思想和邓小平理论是科学真理，是具有普遍指导意义的知识。第二，通过学科教学、通过我们的思想政治工作使我们的社科工作者智力上得到提高，变得更聪明。学科知识不用多说可以达到这个目的，那么思想政治工作也能达到使人更聪明的目的。因为通过思想政治工作，使我们的社科工作者学习和掌握马克思主义的立场、观点和方法，学习和掌握"实事求是"这一马克思主义、毛泽东思想和邓小平理论的精髓，人一旦掌握马克思主义的立场、观点和方法，掌握了理论的精髓，肯定会更聪明。第三，通过思想政治工作使我们的社科工作者无论在情感方面、价值观念方面还是社会理想和信仰方面都会变得更为高尚，也就能使我们社科工作者"做一个高尚的人，一个纯粹的人，一个脱离了低级趣味的人，一个有益于人民的人"。

再次，信息工具类的载体建设。从哲学上讲，世界可以分为两类：一类是物质客观世界，即自然界；第二类是精神世界，即意识领域。作为信息类载体，就是物化了的精神世界，如书籍、期刊等。在信息类载体建设中，单位要订购一定数量、精心选择的书籍和报刊，对社科工作者自己印刷的小刊物一定要加强管理。

在各种信息工具类的载体建设中，当前尤其要重视互联网这个全新的工具类载体。日益深入人们生活中的互联网，在改变人们学习习惯、思维习惯、工作习惯以及生活习惯的同时，也在深深地改变着人们的思想观念，并深刻影响着人们的政治态度、道德风貌和价值取向。从科学的角度来讲，作为工具，互联网可以承载任何内容，即可以为任何人所用。互联网具有开放性、及时性、隐蔽性、虚拟性、随意性和互动性等特性，它一方面展现了丰富多彩的外部世界，另一方面网上的反动、迷信、黄色的内容，也面临种种"陷阱"。由于隐蔽性和互动性，人们可以比在任何媒体上都更方便、更"安全"地发布要想发布的东西，表达自己所想表达的思想。如此一来，互联网上的信息就因此良莠不齐，真假难辨。因为互动，人们可以与信息的发布者完全同步地交流，从而使得以往其他媒体习以为常的单向传输、教育，变为双向的交流、影响。这样，我们的社科工作者从网上获得的影响，就会比在其他地方获得的影响更直接、更深刻。从当前的情况看，互联网迅速发展，为社科工作者思想政治工作提供了新的载体和渠道，同时也给社科工作者思想政治工作带来了严峻挑战。互联网新闻宣传集各媒体之长，领各媒体之先，不仅具有报纸新闻宣传详尽、深入的特点，而且具有广播电视传播迅速广泛、声形兼备的特点，互联网新闻宣传具有独特的传播优势和潜在的发展前景，我们的社科工作者要研究互联网这一具有高科技含量的新的传播方式，一是要加强对上网者的教育和引导，二是思想政治工作者必须"扫盲"，"扫"网络知识之"盲"，努力使自己掌握网络时代的思想政治工作"本钱"，三是加强对网络的管理，并努力做到管而不死，活而不乱，因势利导，为我所用，使互联网成为新时期社科工作者思想政治工作的有力武器。

创建活动类的载体建设。要通过各种群众性精神文明创建、文化活动等加强对社科工作者的思想政治教育。如理论联系实际的政治学习、丰富多彩的文化娱乐活动、卓有成效的精神文明建设等等，都是我们社科工作者应当努力建设好的思想政治工作载体。运用创建活动类的载体，还要努力搞好典型宣传。一定要正确地认识和把握典型宣传的社会功能，通过深入采访，精心组织，精心选择，精心策划，精心写作，精心抓好一些独具特色的典型宣传，对一些重大典型的宣传在统筹安排、形成合力的基础上，进一步发挥主动性和创造性，提高宣传艺术、改进宣传方法，力争把重大典型的宣传搞得更加生动活泼，更有成效，做到可信、可亲、可敬。要坚持实事求是，坚持理论与实践的统一，注意宣传社科工作者思想政治工作的新经验，新做法，使其真正发挥典型和示范作用。这样，组织活动类载体如果运用好了，会收到非常好的效果。

第三，社科工作者思想政治工作载体建设应注意的几个问题

一是要树立正确的意识。我们社科工作者应树立"阵地意识"，在思想政治领域必须采取"攻式战略"，必须"唱响主旋律，打好主动仗"，用马克思主义牢牢占领思想文化阵地；应树立"科学意识"，作为载体本身应符合科学性的要求，尽量采用先进的载体；应树立"整体意识"，综合运用各种载体。

二是要努力实现载体创新。适应市场经济发展的需要，积极探索借鉴使用新载体。凡是能够准确、有效地表现社科工作者思想政治工作目的和内容的有效手段、形式，都可以大胆拿来借鉴使用。要根据形势发展的变化，对思想政治工作现有载体创造性地加以改进，增强吸引力、感染力。广播、电视、报刊等大众传媒要在唱响主旋律、强化宏观引导

社科工作者思想政治工作若干问题的理性透析

的同时,从单向灌输向双向交流转变,从我讲你听(看)向共同参与转变,努力把文化活动变成广大社科工作者积极参与和展示自身形象的大舞台。群众性精神文明创建活动要将普及和提高紧密结合起来,多创造为广大社科工作者喜闻乐见的形式,吸引最大多数的社科工作者参与进来。同时,精心设计活动内容,逐步提高活动的档次和水平,不断深化活动内涵,推动各项活动向更高层次发展。要提高社科工作者思想政治工作的科技含量,大胆借鉴和吸收现代科技成果和最新的管理方法。现代科学技术对社会生活的影响和作用越来越大,既给社科工作者思想政治工作带来了新的挑战,也提供了新的手段。例如,通过前面提到的网络,要加大引导和管理的力度,进一步增强网上宣传的主动性、针对性和时效性。利用网络加强对社会心理和社会舆论的动态分析,运用社会学、心理学、行为学等最新研究成果,增强社科工作者思想政治工作的吸引力、说服力和感染力。社科工作者思想政治工作要争取采用先进的科技手段并与各种文化娱乐活动结合起来,在轻松愉快的环境和气氛中陶冶情操、提高觉悟。强化科技意识,加快社科工作者思想政治工作载体和手段的更新,对于加强和改进社科工作者思想政治工作具有重要意义。

三是要发挥各个部门、每个人和各种载体的综合作用。毛泽东同志早在1957年谈到知识分子和青年社科工作者的思想政治工作时就说过:"思想政治工作,各个部门都要负责任。共产党应该管,青年团应该管,政府主管部门应该管,学校的校长教师更应该管。"社科工作者的思想政治工作也是这样,社科界各个部门和全体干部职工都是思想政治工作者,要综合发挥每个人、每个组织和各种载体的优势和作用,使思想政治工作确实落到实处,取得实效。

通过以上分析和论述，可以得出几点结论：一是社科工作者思想政治工作离不开载体，要高度重视；二是社科工作者思想政治工作的载体要精心选择、精心设计，要充分运用；三是社科工作者思想政治工作的载体要不断地加强建设，不断创新，发挥更大的作用。

三、社科工作者思想政治工作的基本思路

党委管什么？简单地说，党委管政治、管方向、管大事、管思想政治工作。管政治主要是坚持共产党的领导，坚持共产主义信念，坚持党的立场、观点、方法，始终和中央保持一致；管方向主要是保证社科单位永远坚持社会主义方向，沿着社会主义道路前进；管大事，主要是管思路、管决策、管干部、管规矩、管机制；管思想政治工作就是用正确的方法调动人们的积极性，为党的事业努力奋斗。在大事中，思路很重要，它是一个社科工作者的纲和领。为什么搞科研、怎样搞科研、按照什么战略指导思想搞好科研，社科界怎样发展、走什么样的道路、分几步走，这都属于思路的范畴。这些问题不解决，其他问题均无从谈起。思路需要决策，但决策不仅是决策思路，制订方针、政策、规范、制度、措施，重大事情都要有正确的思路。干部是思路和决策的执行者，是把思路和决策变成群众行动的中坚和桥梁。规矩是规章制度。规章制度是对党委、基层党组织和党员的思想及行为规范。机制是科研机制，是科研运行的形式与动力。在社科工作者，思想政治工作是调动人们积极性，促使广大干部职工以饱满的热情投身到国家改革和发展的事业中的有效措施与方法。思想政治工作是社科事业发展的保证，它在社科工作中处于非常重要的地位。因此社科工作者要发展，思想政治工作一定

社科工作者思想政治工作若干问题的理性透析

要跟上，一定要加强。

1. 社科工作者思想政治工作需把握的"五个重点"

目前，从整体上看，当代社科工作者思想政治状况的主流是积极健康、向上的。但是我们也要清醒地看到，随着人们的物质利益观念普遍增强，社科界作为一块净土也未能幸免。因此，我们应该坚持五个结合，即：主客体结合、虚实结合、内外结合、走出去与请进来结合、惩戒管教与思想政治工作相结合。

一是把握主客体结合的重点。即思想政治工作者与思想政治工作的对象相结合。这里有两层含义：一层是讲做思想政治工作的人要了解工作对象的情况，要懂得他们想什么、爱什么、恨什么、喜欢什么、厌恶什么。这样做工作才有的放矢。第二层意思是讲全员思想政治工作，人人是主体，人人是对象。

二是把握虚实结合的重点。即讲道理与办实事相结合。道理不讲不行。青年人，包括青年社科工作者都处在世界观、人生观、价值观的形成和发展阶段。我们不用马克思主义的理论去武装、灌输、教育、启迪他们，资产阶级的东西便会乘虚而入，对他们进行腐蚀和影响。为了占领和巩固这个重要阵地，大道理必须不断地讲，用正确的理论和思想武装青年人的头脑。光讲道理行不行？如果说五六十年代还行得通的话，现在就不行了。特别是在社会主义市场经济条件下不行了。讲道理要配以实例，讲道理的同时要办些实事，讲道理的人要以身作则、率先垂范。这样讲的道理效果才会更好，才更容易被别人接受。现在的问题是大道理讲得太少了，因而一些年轻人的脑子里空空如也。

三是把握内外结合的重点。即单位内教育与单位外教育相结合。让社科工作者接触实践，这才是非常有效的思想政治工作。

四是把握走出去与请进来结合的重点。社科单位都要有自己的德育教育基地，像井冈山、红旗渠、军史展览馆等。要不定期地组织社科工作者到这些基地参观、学习、感受和领悟。请进来就是请一些劳模、先进人物、离退休干部作我们的顾问，不定期来社科单位为社科工作者做报告。

五是把握惩戒管教与思想政治工作相结合的重点。从某种意义上说，惩戒也是一种必要的教育。对于那些严重违反党的规章制度的行为，没有惩戒就不能有效地解决问题。关键是不能"一惩了之"，而是在惩戒的同时仍然热情地做好转化工作。把刚、柔两个方面的力量结合起来，才能促成问题的解决。但关键是要面对现实，利用各种观念的矛盾冲突因势利导，目的在于使社科工作者学会独立思考、自主判断，形成开放、兼容、思辨的思维方式，在纷繁复杂的社会中，既求同又存异，在存异中求同。

2. 社科工作者思想政治工作需把握的基本方法

传统的思想政治工作方法有很多是科学有效的，在思想政治工作面临社会主义市场经济的新课题时，首先要学习继承优良传统，然后才是创造和发展。结合实际，讲究科学方法。

一是调研法。调研法是调查研究法。这里有两层意思：第一，是主体调研；第二，客体调研。主体调研的目的是为了掌握新情况、了解新问题、寻找新方法，通过调查研究使社科工作者思想政治工作更具有针对性，更具有时效性。客体调研是为了打消疑虑、解决问题。因此，我们社科工作者应该向企业调研、向工人调研、向社区调研。调研可以个别谈话，可以开座谈会，可以走出去，也可以请进来，可以通信、可以问卷、可以抽样。只要调研的目的明确，方法可以灵活多样。

二是说理法。说理法就是以理服人，不能靠以势压人。压制只能奏效于一时，不能彻底解决问题，只能治人于口而无法治人于心，而思想政治工作的功能是攻于心而见诸于行的，因此必须靠说理。社科工作者可采用演讲赛、辩论赛等说理法的好形式。

三是示范法。示范法是靠榜样来启迪、激励、带领员工、科研人员的方法。这里也有两层含义：一是领导要率先垂范，要求大家做到的自己必先做到，要求大家不做的自己必先不做，这样群众才服气，单位才有正气。如有的社科工作者采用的"约法五章"和"四个一"就是这个意思，就是要求党委班子率先垂范。"约法五章"第一条是讲团结，要求领导班子不搞亲疏、不搞内耗、团结一致。下边四条都是廉政建设的内容，例如给群众办事不允许收一分钱财礼、不允许吃一分钱回扣、领导不允许占基层便宜、不允许用公款吃喝等。当初党委定这五条都是有针对性的，针对群众意见较多、较大的方面提出的自律内容。我们知道干部本事不大，群众不恨你，最多不过是瞧不上你，不把你当一回事，而干部贪污、腐败，群众是非常痛恨的。示范法的第二层含义是专兼职党务工作者和其他思想政治工作者要率先垂范、以身作则，不能讲的一套，行的一套。"挂羊头卖狗肉"损害了党的威信、党的形象，也破坏了思想政治工作者的名声。

四是关爱法。关爱是关心、爱护。关爱法是靠关心、爱护群众，促使群众对党、对党的事业、对国家、对社会主义、对集体热爱并逐步增加这种感情，使之愿意为之献身的方法。有些地方叫感情投入法。关爱比感情投入面更广，意思更确切。感情投入法好象局限于人与人的关系。你今天在这个位置上感情投入，与工作对象建立了友谊，建立了感情，然后你做工作对方就容易听得进去，那么明天换人了他还得去感情投入，投入的目的仅仅是拉近主客体之间的关系，为做工作进行铺垫。可见，关爱法是关心爱护法，它不是思想政治工作的手段，而是内容。作为共产党员与群众，作为组织与党员本来就应互相关心爱护，特别是组织对个人、上级对下级，关心爱护自是本分与义务，关心爱护的目的不是让他对你个人有感情，而是让人感受到组织的温暖，感受到社会主义大家庭的温暖，感受到共产党全心全意为人民服务的宗旨。

五是参与法。参与法是有意识组织职工、科研人员参与决策、参与改革与建设的方法，这种方法是增强大家主人翁意识的好方法。主人翁意识淡薄是现象，根源在于缺乏凝聚力，缺乏统一大家思想、凝聚大家意志的软件系统和发展规划。近几年来在这方面做了一些工作，社科工作者的主人翁、责任感普遍增强了。

六是对话法。对话法是通过党委、中层干部与科研人员对话来增强大家的主人翁意识的方法。对话是交流的好办法，因为对话双方是平起平坐的，没有领导与被领导之别，没有高低贵贱之分。对话能创造一种融洽的气氛，使大家畅所欲言。对话时，科研人员提出的问题能解决的有关部门领导当场表态并拿出解决办法，当场不好表态的，也要表示会后研究解决。

七是激励法。激励法是对社科工作者实施全方位的激励以便调动积极性、创造性的方法。几年来我们有意识地从发展规划、软件建设、硬件建设、干部制度、工资分配制度、机构调整、职称评聘、竞选干部、社会上招聘等方面来激发大家的上进心、积极性，形成一套激励工程。激励是新时期思想政治工作的新特色、新方法，它容易被人接受，能够产生较好的效果。职称有低职高聘的，干好了副研究员可以聘为研究员；干不好研究员应该聘为副研究员。所有这些措施都是激励，只要好

社科工作者思想政治工作若干问题的理性透析

好干就大有希望。

八是启迪法。引导法是典型引路、循循善诱、逐步深入的思想政治工作方法。例如"三观教育",什么是无产阶级和资产阶级的世界观、人生观、价值观,我们不是首先摆出答案,告诉大家应该做什么,不应该做什么,因为那种直接了当的说理往往是空对空的,不易被当代青年人接受。当代社科工作者不仅要知其然,还要知其所以然,引导法是让其从知其然中渐渐知其所以然。

思想政治工作是一门学问,需要我们去学习、钻研和掌握;思想政治工作是一门科学,需要我们不断地丰富它的内容、把握它的规律、研究它的方法。社科工作者思想政治工作既有一般思想政治工作的共性特征,也有社科工作者自身的不同特点,因为社科界是一个高层次人才的熔炉,这是汇集着一群高智商的社科人才。社科工作者的职责要求思想政治工作在这里只能成功,不能失败,只能不断加强,不允许有些许的削弱与疏忽,否则就担当不起历史赋予我们的重任。

总之,社会主义市场经济给社科工作者带来了难得的发展机遇,也使社科工作者遇到了前所未有的挑战。为了抓住机遇、迎接挑战,社科工作者不得不在科研模式、研究内容、科研方法、人员结构、科研机制、内部管理等方面不断地改变着自己。社科工作者的变化首先来源于人的变化,人的变化首先表现在思想、观念的变化上。那么把人当作工作对象,社科工作者思想政治工作也必须随之改变。

第七章

加强党对社科工作者思想政治工作的领导

思想政治工作，是在党的领导下进行的。加强和改善党的领导，是做好社科工作者思想政治工作的关键。中共中央《关于加强和改进思想政治工作的若干意见》深刻阐述了加强和改进思想政治工作的重要性，提出了新时期做好思想政治工作的具体措施和要求，特别是为思想政治工作指明了方向，明确了任务。社科界作为理论研究和政治教育的前沿，当前切实加强和改进社科工作者思想政治工作，对于哲学社会科学事业发展具有深远而现实的意义。

一、党的领导是做好社科工作者思想政治工作的根本保证

江泽民同志曾经指出,"思想政治教育,在各级各类教育都要摆在重要的地位,任何时候都不能放松和削弱"。要说素质,思想政治素质是最重要的素质。不断增强社科工作者的爱国主义、集体主义、社会主义思想,是素质教育的灵魂。对于当代社科工作者来说,他们将是我国21世纪社会主义现代化建设的生力军。他们的思想政治素质如何,将直接关系到我国的社会主义事业的发展前途,关系到中华民族的伟大复兴。因此,培养社科工作者具有坚定的政治方向,具有为祖国拼搏奉献的精神,是我们义不容辞的神圣使命,也是社科工作者思想政治工作的首要任务。

1. 做好思想政治工作是实现党的领导的重要保证

党对国家政权的领导是通过制定和贯彻执行一系列路线、方针、政策来体现的。党的路线、方针、政策能否得到落实,是党的领导是否巩固的重要标志。如何才能使党的路线、方针、政策得到有效落实,一个重要保证就是党的思想政治工作。思想政治工作根植于马克思主义所揭示的关于物质与精神、实践与认识、行为与思想的内在本质及其辩证关系的科学理论。人的行为受其政治因素和精神因素所影响、所使然,人所为追求意义的存在物,必定需要政治因素和精神因素的引导和激励。这就使得思想政治工作具有存在的社会基础和永恒的价值。因此我们党的三代领导核心对思想政治工作的重要地位和巨大作用都做了十分精辟

社科工作者思想政治工作若干问题的理性透析

的论述：掌握思想教育是团结全党进行伟大政治斗争的中心环节；思想政治工作是经济工作和其他一切工作的生命线；越是深化改革，扩大开放，越是发展社会主义市场经济，越要加强思想政治工作。在领导中国革命和建设的实践中，党的三代领导核心，根据党在不同历史时期的中心工作任务，充分发挥了思想政治工作的重要作用，使思想政治工作成为贯彻落实党的路线、方针和政策，坚持、改善和巩固党的领导的优良传统和政治优势。思想政治工作对于实现党的领导的重要作用主要表现为以下方面：

第一，必须发挥思想政治工作的动员和凝聚作用

马克思主义认为，人民群众是实践的主体，是一切社会进步和变革的主力军。共产党是代表广大人民群众利益的政党，共产党领导的事业离开了广大人民群众这个实践主体则一事无成。共产党必须发动、团结群众，紧紧地依靠群众，赢得广大人民群众的信任、支持和参与，才能有效地贯彻党的路线、方针和政策，实现党的事业及党的领导。而广大群众对党的路线、方针、政策的认识、理解和拥护，则有赖于思想政治工作的宣传、教育、感召的作用。在民主革命时期，我们党深入工矿企业和农村，在群众中积极传播马列主义，宣传党的主张，唤醒、发动工农群众，用共同的理想和信念统一人们的认识，把人民凝聚起来，团结在党的旗帜下，使党领导的革命斗争获得了最广大人民群众的积极拥护和热情参与。正是扎实有效的思想政治工作，使党在革命斗争中赢得了广泛坚实的群众基础和有生力量，从而以弱胜强，最终取得新民主主义革命的伟大胜利。当前，我们党领导的改革和建设正处于攻坚阶段的关键时期，面临各种困难和挑战。改革能否顺利进行，经济和社会发展中许多深层次的矛盾能否有效解决，转型期的各种离心性因素能否得以减

少和克服，在相当的程度上仍取决于人民对党的理解和支持，取决于科学有效的思想政治工作。所以思想政治工作就是要通过思想动员来增强群众对党的方针政策的认同感和信任度，用共同的目标和价值观最大限度地凝聚起广大人民的智慧和力量，同心同德、百折不挠地把改革推向前进。

第二，必须发挥思想政治工作的教育和引导作用

任何社会改造的过程都需要主体高度的自觉性，而主体自觉性的一个重要来源，就在于其对客观运动和主观能动的正确认识和判断。正确的思想认识和判断必须通过思想教育和引导，帮助人们在社会运动与自身能动的连接中分清是非，廓清迷惑，把握方向，进而准确地把握自身，不断强化主体的自觉性。党中央为了实现其政治目标，需要运用思想政治工作对广大社科工作者进行思想意识和心理方面的教育和引导，通过开展积极的思想斗争来统一认识，以解决社科工作者在执行党的路线、方针、政策过程中产生的各种思想问题，提高社科工作者对党的事业的共识性和自觉性。在战争年代，我们党提出，政治工作是一切革命军队的生命线与灵魂。党依靠思想政治工作的教育和引导作用，有效地克服了党内、军内各种非无产阶级思想的影响，进一步明确了政治方向，从而增强了党和军队的战斗力。在新的历史时期，改革调整了社会利益关系，引发了各种思想矛盾和困惑；开放带来了"泥沙俱下"现象，出现了资本主义腐朽思想文化的侵蚀。如果没有及时、有力和经常的思想教育和引导，不能帮助人们解惑释疑，让各种错误思想乘虚而入并占上风，党的路线、方针和政策就会难以得到贯彻，党的领导和执政地位则势必受到削弱。对此，我们必须保持清醒的头脑，充分认识加强思想政治工作的必要性。

社科工作者思想政治工作若干问题的理性透析

第三，必须发挥思想政治工作的整合与调控作用

中国是一个人口众多的大国，社会机体非常庞大，各种社会环节相互交错，任何一个环节出现问题，都有可能引起连锁反应而波及其他环节。这意味着中国社会存在着出现纷繁复杂的矛盾和各类故障，包括一些离心性故障的可能性。这使中国社会整合力和调控力的强弱问题，对于社会发展进程的有序化程度具有非常重要的影响。整合与调控可以有多种手段，除经济、法律、政治等手段外，思想教育手段也是一种重要的力量。通过对于共同理想和目标的认同，通过思想的统一和力量的凝聚，社会成员之间的许多矛盾与摩擦可以得到一定的化解，社会的整合性和可调控性也由之得到一定的增强。深入细致的思想工作以和风细雨、浸润心田的效果来沟通心灵，理顺情绪，缓和紧张，稳定局势，从而成为社会的一种重要的整合力和调控器。思想政治工作在贯彻党的意志，保证国家政治的统一和稳定方面，具有其他手段所不可替代的作用，它为党顺利实施各项战略目标创造了良好的社会环境。在新的历史时期，面对不断变化并错综复杂的社会，我们党要不断巩固领导地位，提高执政水平，就必须培育和发展富有实效的社会整合力与调控力。因此，在加强运用经济、法律和政治等整合与调控的手段的同时，必须充分发掘思想政治工作的潜力，发挥其优势，进一步提高"总揽全局，协调各方"的执政水平，这是我们党面临的一项重要任务。

2. 增强思想政治工作的自觉性与紧迫性

近些年来，在党中央的正确领导下，广大干部群众对思想政治工作重要性的认识有了进一步的提高，思想政治工作取得了明显的进展。但是，我们也要清醒地看到，社会发展出现了大量的新情况和新问题，思想政治工作若仍照搬过去的经验而不加以改进，则将难以发挥应用的作

用。在我们的干部队伍中有人曾出现"信念动摇"、"信仰危机"的倾向，给我们敲响了警钟。我们社科工作者要充分认识社会发展所发生的深刻变化，认真分析各种新情况和新问题。

当今世界，社会主义运动处于低潮，西方敌对势力加紧对我国实施"西化"、"分化"的图谋，不断对我国进行思想和文化渗透；经济全球化和科学技术的迅速发展，使多种思想文化相互激荡、相互冲突和相互影响更加直接、更加迅速。在国内，随着改革的深化和社会主义市场经济体制的逐步建立，社会的方方面面也发生了各种各样的变化，如，经济成分和利益主体多样化、社会生活方式多样化、社会组织形式多样化、就业方式和就业渠道多样化，等等。这些变化势必造成思想文化领域的复杂性，使思想政治工作遇到了一些新情况和新问题。

一是出现了新的思想变化。社会的变革和转型从根本上改变了人的社会心理环境和基础，促进了人的思想观念新变化。在思想更加活跃、观念不断更新的同时，人们思想观念和价值取向呈现复杂多样态势，明显表现出以下特点：其一，趋于务实。当前人们价值目标的选择出现了趋利性、务实化的倾向。据广东省的一次问卷调查资料显示，当被问及生活中最重要的内容是什么时，许多人都把"家庭"、"事业"、"金钱"列在各项选择的前三位，而"理想"、"信仰"则被置于偏后的位置。人们在选择职业时，也是把"经济收入"、"专业兴趣"、"单位福利"排在各类职业选择因素的前三位，明显关注经济利益和福利保障。求利务实的价值取向激发了人们的创造热情和开拓精神，充分调动了人们的积极性，使社会充满生机和活力。但与此同时，趋利务实的价值取向带有消极、负面的影响。它诱使一部分人以现实利益和功效价值作为行为选择的标准，日趋走向功利化，只注重追求金钱、实惠和享乐，目光短

社科工作者思想政治工作若干问题的理性透析

浅,完全抛弃了正确的理想和信念,代之以拜金主义、享乐主义。极端功利主义价值观念是当今社会腐败行为难以抑制、"黄赌毒"现象屡禁不止的思想根源。其二,注重自我。具体来说就是自我意识明显增强,评价事物、判断利害、决定取舍,均注重把自我作为价值的主体。群体本位的集体主义价值观念历来是我们传统价值体系的支撑点。但市场经济的发展使独立人格意识、自我价值意识被提到了前所未有的高度。竞争,注重的是我的成就和价值;成才,注重的是我的发展和前途;民主,注重的也是我的地位和权利。而集体主义意识则相对被弱化。但是,如果不加以正确引导,它便很容易受西方资产阶级思想的影响,走向只讲个人利益,漠视群体利益的极端个人主义。一切以我为核心,心中只有自我,不顾及社会与他人,由此造成了社会现实中存在不少为了一己私利而不择手段地损害他人及社会的现象。其三,取向徘徊。目前中国进入以传统社会向现代社会转型的加速期,经济、社会和文化都全方位地出现了过渡性、转型性、二元性和多元性的格局。人们的思想观念和价值取向也呈现两极间徘徊的倾向:在传统观念与现代观念的两极对峙中徘徊,传统的压力与现代的拉力造成不少人思想取向波动化和双重化;东西方思想文化的不停碰撞、争执,使人们陷入两难抉择的窘境,常常在两极之间游移;理想价值观念与现实生活的矛盾和落差让人深感迷惘,出现了特有的二元型人格。如问卷调查中,在对两个不同时代的代表人物:以奉献为其特点的保尔·柯察金和以财富为其特点的比尔·盖茨做出评价时,有37.6%的人声称"两个人都崇拜",其二元性性可见一斑。思想观念和价值取向的矛盾、困惑、徘徊状况,增加了人们的焦躁情绪和思想无序,带来了精神、信仰的危机。这是新旧、多元思想文化冲突与交融的一种必然反映。如何针对这些思想变化的新特点进行富有实效的引导,消除负面因素,是新时期思想政治工作面临的重大课题。

二是出现了新的思想文化阵地。当前世界正激荡着新一轮的现代化浪潮,其核心就是网络和信息革命。互联网已成为影视、广播、图书期刊之外的"第四媒体"。据调查,有近半数的人表示熟悉或了解"上网",表明互联网正逐渐进入普通大众的生活。互联网具有信息容量大、时效快、传播范围广及成本低等特点,可以实现信息共享和双向交互式交流,使各种思想得以在网上更加直接、迅速和广泛地传播、交流,由此形成了一个新的思想文化阵地,给党的思想政治工作带来了严峻的挑战。一方面,通过互联网将更容易吸取现代人类文明的一切优秀成果,有利于社会主义文化建设;另一方面,西方的思想意识、文化理念,资产阶级的腐朽文化、道德观念和生活方式,敌对势力的政治观念也在网上长驱直入、大行其道。西方不良意识形态的肆意渗透,势必对我国社会主义的价值观念造成极大的冲击,严重威胁着民族文化的发展和繁荣。互联网突破了党和政府的控制范围,而我们对"网络文化"这一新的思想文化阵地没有给予足够的重视和及时的研究,不能适应主动出击的需要,缺乏应付挑战的能力和措施,使我们在这新的领域中面临着严峻的考验。

三是出现了新的工作"空白"和"盲区"。近年来,随着经济和社会的发展,人们的社会活动方式和生活方式发生了新的变化,社会成员的活动空间更为广阔,产生了一些基本处于流动分散状态的社会群体。如果思想政治工作不能扩大覆盖面,及时、主动地"惠顾"他们,造成一些新的工作"空白"和"盲区",就会引发许多新的社会问题,乃至出现新的社会危机。目前,需要思想政治工作特别关注的群体有:个

社科工作者思想政治工作若干问题的理性透析

体工商业者、非公有制企业职工、流动性人员（最为突出的是从农村进入城市的务工人员）、下岗人员和离退休人员。这些群体在体制改革和市场经济发展的大潮中，发生了由"单位人"向"社会人"、"农村人"向"城里人"的急剧转变，特别需要及时、有效地关心和帮助，使他们转变观念、提高素质、稳定情绪、丰富生活，以尽快适应生活变化。尤其是经济体制和政治体制的改革进一步深入，独资企业、合资企业将大幅度增多，大量农业劳动力需要转移，届时新群体的问题会更加突出。我们不予以充分重视，将会造成被动的局面。

3. 开创社科工作者思想政治工作的新局面

在改革开放的伟大时代，我们党面临着新的挑战和机遇。面对新形势新情况新问题，我们必须充分发挥并增创思想政治工作的新优势，顺应潮流、迎接挑战，乘势而上。为此，思想政治工作要勇于变革自身，在继承和发扬优良传统的基础上解放思想、实事求是，注意在内容、形式、方法、手段、机制等方面的创新和改进，增强时代感，加强针对性、实效性和主动性，实现整个运作模式的现代化和实效化，从而开创思想政治工作的新局面。

第一，在全社会倡导共同的理想和价值观

任何一个民族和国家都需要依靠共同的理想和价值观（也即信仰）而凝聚在一起。这个共同的理想和价值观的选择、建构及成熟程度，体现了人们的精神状态和思想水平，体现了一个国家和民族在一定历史时代精神文明所达到的水准和发展方向。因此，在问卷调查中，有近半数的干部职工认为，当前思想政治工作的难点和重点是"树立共同的理想和价值观以凝聚人心"。科学地选择、确立和倡导现阶段全社会的共同理想和价值观，必须坚持以下原则：

首先，应与社会主义初级阶段的实际状况和时代发展的要求相适应。任何理想都不是人们主观臆想的产物，而是由现实的社会基本矛盾运动发展的趋势所决定的。

目前我国正处在社会主义初级阶段，在经济、政治、文化和社会生活的各个方面还存在着种种矛盾，我们只能立足于这个现实去建构有实际意义的共同理想。理想选择的主要取向应是时代所面临的迫切问题，只有具有强烈时代特征的理想，才能为时代、为人民所认同。当前世界文明的发展趋势和我国社会发展的总体要求，就是改革开放、发展社会主义市场经济和现代化建设，这一时代主题应是理想选择所必须考虑的首要因素。因此，共同理想和价值观的选择确立，应遵循以下四个"统一"：要把引导人们认同社会主义基本经济、政治制度，与认同改革开放和社会主义现代化建设的伟大实践统一起来；要把崇高性、先进性与人民性、广泛性统一起来；要把远大的发展目标与现段性目标统一起来；要把个体尺度、历史尺度和价值尺度统一起来。根据这一原则，一方面，在任何时候，我们都要坚持爱国主义、集体主义、社会主义的信念，这是共产主义最高理想在社会主义初级阶段的具体体现；另一方面，在现阶段，我们要在全社会倡导"建设现代化，振兴新中华"的共同理解，引导和动员全国各族人民齐心协力，把我国建设成为富强、民主、文明的社会主义现代化国家。这是当前全社会为之共同奋斗的共同信念和精神支柱。

其次，应以社会的思想文化价值体系的发展为基础。社会理想是一种对社会发展趋势的瞩望和追求。这种瞩望、追求的科学性是以社会的思想文化价值体系的合理性为基础的，任何理想都必定是社会的思想文化价值体系的衍生物，后者的成熟程度影响前者的成熟程度。例如，在

社科工作者思想政治工作若干问题的理性透析

近代欧洲，有了各种天赋人权的学说与神学相对抗，才有各种关于自由平等的社会理想与封建制度相抗颉。因此，我们还必须在发展先进的思想文化价值体系的基础上来构筑和倡导社会主义的共同理想。当前，我们要大力发展先进思想文化价值体系，就是中国特色社会主义的文化价值体系，即以马克思主义为指导，以社会主义初级阶段为历史定位，以社会主义现代化发展为中心，以培育社会主义新人为目标的文化。这一思想文化价值体系为我们明确社会理想、坚定社会主义信念提供了坚实的理论基础和保证。据此，在确立和倡导社会主义共同理想的同时，还应加强对社会主义思想文化价值体系的研究和宣传，用马列主义、毛泽东思想、邓小平理论、"三个代表"重要思想、科学发展观武装全党、教育人民，努力引导人们正确认识社会主义发展的历史进程，以及我国社会主义改革开放实践的历史必然性，为共同理想的教育提供一个根本的比较切合实际的基础。

再次，应从实际出发开展理想信念教育。由调查可知，广大干部群众普遍认为，"没有联系实际，不贴近群众"是影响思想政治工作取得实效的主要症结。理想信念教育必须紧密结合实际，有的放矢，而不能照本宣科，空喊口号。为此可以着重开展两个方面的工作：一是注意做好对那些影响干部群众思想活动的重大理论和实际问题的研究工作，努力对当前亟需进行理论引导或说明的问题，做出符合实际的、有说服力的科学解释，以为群众解惑释疑。二是将共同理想演绎为可深入到群众的经济生活、政治生活和文化生活中的一系列的思想观念、道德观念，进行广为宣传，并将这些观念演变成群众的行为规范和准则。

第二，积极探索思想政治工作的新方法

回顾党的思想政治教育发展史，便会发现存在着思想政治工作随形势的变化而不断自我调整和重新开始的规律。每当新的历史时期面临新的战略任务时，过去形成的工作经验和方法不能直接使用了，必须探索新的方法，做出新的调整和改变，以适应新形势的需要。思想政治工作正是在自我调整和改革中从不成熟走向成熟的。

面对当前的新形势和新问题，我们广大社科工作者仍应遵循这一规律，积极探索新形势下做好思想政治工作的新方法，使思想政治工作在不断改进中与时俱进，始终保持强大的生命力。具体来说，可以从以下方面去进行改进和创新：

其一，加强党的领导，健全运行机制。加强党的领导是做好思想政治工作的重要保障。各级党组织必须高度重视、抓好落实，不断加强党的基层组织建设，建立一支政治强、业务精、作风正并善于做群众工作的思想政治工作队伍。坚持加强党的自身建设，社科工作者要讲学习、讲政治、讲正气，努力实践"三个代表"，发挥自己的表率和示范作用，提高群众对党和政府的信任度，增强党的凝聚力和战斗力。同时，在党委统一领导下，建立和完善党政部门和人民团体分工协作、各级领导干部"一岗双责"的思想政治工作体制；建立把思想政治工作与日常各方面工作相结合，相渗融，实现良性互动的"一体化"工作机制；建立健全各种促进思想政治工作的制度，以保证思想政治工作真正落到实处。

其二，消灭"空白点"，扩大覆盖面。面对社会生活发生的深刻变化，思想政治工作要尽快建立并完善覆盖全社会的工作网络。一要切实做好流动分散人群，尤其是下岗职工、进城务工人员和离退休老人的教育引导工作，及时了解他们的思想状况，关心他们的实际困难，把解决思想问题与解决实际问题结合起来，既暖人心又稳人心。二要充分发挥社会团体和群众自治组织的作用。尤其是随着市场化条件下政府与群众

社科工作者思想政治工作若干问题的理性透析

之间关系的改变,一些群众自治组织,如社团机构、小区物业管理公司、社会"义工"志愿者组织等,充当了沟通和调节政府与群众关系的"新角色",它们虽不是专职做思想政治工作的,但它们在帮助群众解决实际生活问题的过程中增强了群众对政府和社会的信任感,为人们提供了一种新的精神寄托和安慰的庇护所,从而为增强思想政治工作的有效性创造了有利的条件。同时还要注意发挥社区在思想政治工作中的重要作用,把思想教育与社区建设、社区管理结合起来,贯穿到创建文明街道、文明楼院、文明家庭的各个环节中。总之,要通过各方面的建设,努力形成思想政治工作无处不在、无处不有的新格局。

其三,运用科技成果,占领新的阵地。科学技术的迅速发展和人们生活方式不断变化,迫切需要思想政治工作充实新的内容,采用新的手段,占领新的阵地。一方面,思想政治工作要加大科技含量,充分运用科普知识对广大群众进行科学理性精神教育,抵制迷信和邪说,在全社会形成学科学、爱科学、尊重科学的文明风尚。另一方面,要加大思想政治工作手段的科学含量,充分运用现代传播媒介,尤其是要迅速占领互联网这个阵地并积极开展思想政治工作,要加大党和政府在网上宣传的力度,通过网络努力倡导社会主义的思想观念、价值取向和道德标准;加强网络的管理和规范,进行网上舆论导向的监控和引导,起到"信息过滤器"的控制作用,以抵制外来反动腐朽思想文化的侵袭;对网民要进行网络行为道德教育,提高网民的网络道德水平和网络行为的自律意识,推动网络文明建设。

二、建立健全思想政治工作责任制

江泽民同志曾经指出:"各级党组织都要切实承担起做党的思想政治工作的职责。要建立党委统一领导,党政各部门和工会、共青团、妇联等人民团体齐抓共管、各负其责的思想政治工作体制,建立健全思想政治工作责任制。"社科工作者是做好思想政治工作的主体之一。思想政治工作是社科工作的生命线。我们社科工作者建立思想政治工作责任制也势在必行。

1. 建立健全社科工作者思想政治工作责任制的重要性和必要性

社科工作者思想政治工作具有特殊性。社科工作者是知识分子云集的特殊场所,它是传播科学知识的殿堂。不容置疑,社科工作者对思想政治工作,总体来讲是较重视的。但也应当看到,在社科工作者中也容易出现这样或那样的问题,忽视思想政治工作的倾向。

一是面临西方敌对势力实施"西化"、"分化"的挑战。社科工作者历来是西方敌对势力进行渗透、争夺的重点。特别是随着经济全球化和我国加入WTO,西方敌对势力更是变本加厉地对广大社科工作者进行西方文化和价值观的传播渗透。

二是面临国内经济成分、组织形式、就业方式、利益关系和分配方式多样化的挑战。社会主义市场经济,一方面增强了广大干部职工的独立意识、自主意识、竞争意识,但另一方面也淡化了一些社科工作者的理想信念、道德情操、艰苦奋斗和无私奉献精神,导致自由主义、分散主义、个人主义、拜金主义、享乐主义的抬头。

三是面临体制改革和社会化的挑战。随着管理体制改革和社会化不

社科工作者思想政治工作若干问题的理性透析

断推进,给传统的社科工作者思想政治教育管理模式带来冲击,同时也使思想政治工作面临新的课题。毛泽东同志曾指出,思想和政治是统帅,是灵魂。思想政治工作,各个部门都要负责任。共产党应该管,青年团应该管,政府主管部门应该管。社科工作者担负着全面发展的社会主义事业建设者的重任。"德者,才之帅也",培养人才必须把德育放在首位,思想政治工作就是社科工作者德育教育的题中之义。社科工作者思想政治工作关系到经济社会稳定发展,关系到党和国家的前途命运。

2. 建立健全社科工作者思想政治工作责任制应当处理好的几个关系

社科工作者思想政治工作必须建立"党委统一领导,部门各负其责、全面落实"的领导体制。把思想政治工作纳入到总体布局之中,贯穿于科研、管理、服务的各个环节,把思想政治工作目标纳入整体培养目标,把基本的思想政治工作内容纳入党政领导的工作职责中去,使思想政治工作与其他工作融为一体,切实落实到基层。为此,建立思想政治工作责任制,要处理好以下几个关系:

一是"条条"与"块块"的关系。所谓"条条",就是党委、基层党支部,这一"条"对思想政治工作负有领导责任;单位一把手、处室主任这一"条"必须结合各项工作认真组织实施;还有工会、工会小组,团委、团总支、团支部这一"条"应根据各自工作特点协同做好社科工作者思想政治工作。所谓"块块",就是在党委的统一领导下,各部门的指导下,系党总支、系行政协调行政、工会、共青团、社科工作者形成合力,狠抓落实,必须把思想政治工作做到每个人,把思想问题发现的苗头,解决于萌芽状态。

二是专职与兼职的关系。加强专职思想政治工作队伍建设,按照社科工作者思想政治工作队伍要求配足人员,同时要重视提高思想政治工作队伍的自身素质。兼职思想政治工作人员必须保证有足够的时间和精力抓思想政治工作。从事思想政治工作的党、团、工会等专职人员必须担负起各自的思想政治工作职责;行政管理干部兼职人员要把思想政治工作纳入到各项工作中去,切勿名存实亡;党委宣传思想工作部门应当加强建设,充分发挥其参谋助手作用和组织、协调、服务作用,特别是要组织实施全局性重大宣传思想教育活动。

三是思想政治工作与科研及其他业务工作的关系。思想政治工作是管理育人、服务育人的重要内容,思想政治工作又会给其他业务工作提供强大的精神动力和有力的思想保障。要把思想教育融入社会实践的各个环节中去。尤其要注重发现思想问题,做耐心细致的疏导工作,又要协助各方面做好社科工作者的思想教育工作,对共性问题、热点、难点问题,开讲座、做辅导,发挥自己的表率作用。党政干部和全体员工要把思想政治工作贯穿于业务工作的全过程。要防止"说起来重要,做起来次要,忙起来不要"的倾向和思想政治工作与科研、业务"两张皮"的现象。

四是思想政治工作职责与岗位目标的关系。思想政治工作是党、政、工、团的共同职责。要通过思想政治工作职责全员岗位目标化,形成思想政治工作的全员育人、全程育人、全方位育人的新格局。

五是处理好思想政治工作与帮助解决实际问题的关系。要把做思想政治工作与帮助解决实际问题结合起来,既讲道理又办实事,既以理服人,又以情感人。思想政治工作要针对人们思想中的种种疑惑,通过适当方式,以科学正确的道理,帮助解开思想上的疙瘩,使人们以更积极

社科工作者思想政治工作若干问题的理性透析

的态度投入到工作生活中去。做思想政治工作,首先是解决政治方向、政治原则和思想认识问题;其次是帮助解决实际问题。做思想政治工作,要耐心细致,循循善诱;解决实际问题,要诚心诚意,量力而行。只有把两者结合起来,思想政治工作才能发挥其强大的精神动力作用和思想保障作用。

3. 明确思想政治工作的责任和内容,严格进行评价与考核

建立社科工作者思想政治工作责任制,首先,要建立健全各级、各部门、各工作岗位的思想政治工作责任体系,同时要健全完善评价考核体系,才能确保思想政治工作责任制的落实。

一是建立健全思想政治工作的岗位责任体系,对职责范围内的工作全面负责。党政班子及其职能部门的正职对职责范围内的思想政治工作负总责;领导班子其他成员根据工作分工,对职责范围内的思想政治工作负直接责任。在此基础上,对党政各职能部门的兼职政工人员,以及思想政治工作责任人予以明确规定,形成岗位责任明确、科学可行的思想政治工作责任体系,从而构建起多层次、立体型、全方位、全员性的思想工作网络。

二是建立社科工作者思想政治工作的评价考核体系。建立思想政治工作的评价考核体系是落实思想政治工作责任制的重要环节。思想政治工作考评体系主要包括以下三个方面:保障条件考评体系。主要看是否建立健全了思想政治工作领导机构;是否有建立健全的思想政治工作制度;思想政治工作队伍的数量、质量能否适应;思想政治工作计划是否具有可行性、针对性、科学性;思想政治工作现代化手段、设备、条件改善方面的经费投入是否足额,等等。活动过程考评体系,主要看思想政治工作机制运转是否正常;思想活动的信息收集、分析是否及时、准确、全面；对群体性的思想问题是否及时采取有效的措施进行疏导、化解，对个别性的思想问题是否及时谈心、妥善解决；全局性的重大活动和常规性活动是否有声有色；科研活动是否正常开展等。目标效果考评体系，主要看干部职工政治立场是否坚定；思想品德是否高尚等。

总之，完善思想政治工作责任制，要坚持集体领导与个人分工负责相结合；谁主管，谁负责；一级抓一级，层层抓落实。要成立由党政领导、思想政治工作部门专职干部组成考评领导小组，分别实行逐级考评。评价考核要力求客观性、全面性、真实性、公正性。

三、建设一支政治强、业务精、作风正的思想政治工作队伍

随着社会主义市场经济体制的建立和发展，人们的价值观、人生观、世界观都发生了重大变化，这对社科工作者开展思想政治工作不仅重要而且必要。但目前，有些人对思想政治工作的认识还存在一些问题，如对从事社科工作者思想政治工作的认同感下降，把进行思想政治工作看成是维护社会稳定的手段，是保障科研活动顺利进行的条件。致使思想政治工作队伍出现数量不足、思想不稳，后继乏人的状况。而思想政治工作队伍素质的高低、力量的强弱，直接影响着青年社科工作者的发展以及社科工作者思想与心理的成熟，直接影响和决定着思想政治工作效果的优劣、成败。因此，研讨如何更新观念、建设一支高素质、强有力的思想政治工作队伍，对于社科界能否做好思想政治工作有着重要的现实意义。

社科工作者思想政治工作若干问题的理性透析

1. 更新观念，选拔新型思想政治工作人才

严格把好选人、用人关是建设一支高素质的思想政治工作队伍的前提和基础。面对新的形势，在政工干部的选拔任用上应更新观念，大胆使用新人。坚决摒弃论资排辈、"不会搞学问的去管人"等观念以及任人唯亲、凭领导好恶的用人做法。思想政治教育作为一门科学，有其特有的规律性，需要有一批经过专门训练的具有坚实的马克思主义理论基础，有比较广博的科学文化知识，而且懂得思想政治教育规律和特点，并能在实践中积累和总结经验，不断提高工作水平，在思想政治工作中起骨干作用，还能协调有关各方面情况以保持这一工作的通达和持续性的专业人员。

从长远建设和发展出发，要致力于培养和造就一批从事思想政治工作的专门人才，使之成为这一学科领域中的专家。在选拔政工干部时，要求从严，标准要高，把那些思想品质好、模范作用大、团结协调能力强、作风正派、具有一定的政治敏锐性和坚定性、有一定政治理论水平和组织领导能力、热爱政治工作、有较强事业心和责任心的优秀年轻科研人员选拔到政工队伍中来。使政工队伍在年龄、学历、知识、能力和政绩上都要有个新的标准和要求，改变过去人们对政工干部的种种偏见。政工人员优化组合，使思想政治工作开展具备了强有力的组织保证。

2. 抓住重点，加强自身素质建设

社科工作者在不同时期，对思想政治工作者的要求也有所不同，因此思想政治工作者应努力做到与时俱进，不断学习，提高自身素质，坚决杜绝"吃老本"、"一劳永逸"的思想，这是建设高素质思想政治工作队伍的关键和重要环节。现阶段，思想政治工作者应努力提高以下素质：

第一，努力提高社科工作者的思想政治素质

思想政治素质是决定思想政治工作能否做好的首要条件，是基础，是灵魂。因此，思想政治工作者应给予高度重视。

一方面，要注意加强政治理论学习。尤其在现阶段，应重点学习邓小平理论、"三个代表"重要思想、科学发展观和习近平同志的系列讲话精神，不断提高马克思主义理论水平。另一方面，要认真学习思想政治工作专业基础理论知识，加强对思想政治工作的理论研究。只有不断地加强政治理论学习，才能学会运用马克思主义的立场、观点、方法分析问题，处理问题，指导实践，才有可能做到理想远大、立场坚定、政治合格。要严格遵守政治纪律，自觉增强组织纪律观念，做遵守党纪国法的模范。要有很强的政治鉴别力和政治敏锐性，在复杂形势下要始终保持清醒头脑。思想政治工作应当适应社会主义市场经济的需要，自觉地服从于经济建设这个中心，坚持社会主义方向，既要为社会主义物质文明建设服务，又要为社会主义精神文明建设服务。因此，不断提高思想政治素质是建设高素质思想政治工作队伍首要的、根本的工作。

第二，努力提高社科工作者的思想道德素质

"打铁还须自身硬"，要提高社科工作者的思想道德素质，榜样的作用是很重要的，因此社科工作者思想政治工作队伍还要不断提高自身的思想道德素质。思想政治工作者要在社会公德、职业道德、社会主义和共产主义道德方面加强修养，不断提高。要深刻认识到思想政治工作依靠的不是权力、地位和职务，也不仅仅是靠命令、指挥、纪律制约和物质引导，而主要靠的是思想政治工作者的威信和影响力。这些来自于他们自身正确的人生观、价值观以及无私奉献、鞠躬尽瘁的敬业精神、踏实勤奋务实的工作作风。这要求在思想政治工作者的道德素质建设中,始终要坚持党的三大优良作风,努力做到理论联系实际,密切联系群众,批评和自我批评。这样,思想政治工作者腰板才会硬,思想政治工作队伍才更有权威,才能坚持原则,抵制不正之风,思想政治工作才更有力量。

第三,努力提高社科工作者的业务能力素质

思想政治工作者必须具备广博的知识。除提高本专业知识外,还需掌握文学、教育学、心理学、伦理学、社会学、领导科学、管理科学、人才科学、历史、哲学、法学、美学等方方面面的知识,而且要达到一定的层次和理论高度。在日常工作和学习中,还必须具备根据具体情况、所处环境的需要而及时掌握相关知识的能力。要不断提高语言表达能力、组织能力、预见能力、分析研究能力和创造能力。

第四,努力提高社科工作者的心理素质

建设一支好的思想政治工作队伍,要求思想政治工作者应具有稳定的、持久的、良好的心理素质。这就要在以下方面多下工夫。一是形成个性的"多维性"。如,在气质上要沉着老练,敏锐机警,全面周到,紧张有序。在性格上,朴实诚恳,谦虚谨慎,豁达开朗,落落大方,宽容大度,富有正义感和责任心。二是要做到胸怀博大,高瞻远瞩,临危不乱,处变不惊。三是要善于调节情绪和心理,保持心理愉快,笑对困难。四是要锻炼坚强的意志,做到工作自觉,自制力强,信念坚定,百折不挠,持之以恒。

第五,努力提高社科工作者的审美素质

思想政治工作要渗透到各种文化、娱乐活动当中去,在满足审美需要和兴趣爱好的过程中,使社科工作者得到哲理的启迪、心灵的感染、情操的陶冶,进而帮助他们分清是非,提高觉悟,树立正确思想,升华精神境界。

3. 把握方向,加强党对思想政治工作队伍的领导

思想政治工作者作为思想政治教育的骨干力量,正在发挥着越来越大的作用。这支队伍是否稳定,直接关系着这项工作开展的好坏。面对新的、复杂的国际国内环境,思想政治工作队伍一旦认识偏差或方向把握不准都会出现问题,甚至犯重大的错误。因此,加强党对思想政治工作队伍的领导是思想政治工作的重要政治保障和根本保证。只有在党的领导下,注意用马克思列宁主义、毛泽东思想、邓小平理论、"三个代表"重要思想、科学发展观、习近平系列讲话精神武装自己的头脑,坚定共产主义信念,才能够正确面对市场经济条件下思想政治工作中出现的新情况、新问题。只有加强党对思想政治工作队伍的领导,思想政治工作者才会热爱自己的本职工作,始终以党性严格要求自己,自觉增强责任感、使命感。加强党对思想政治工作及思想政治工作队伍的领导,必须建立科学的领导体制,即社科工作者必须坚持党委领导下的一把手负责制,才能加强思想政治工作,有力地保证社科工作的顺利进行。同时要建立在各级党委统一领导下的科学管理体制,即党政同心协力、专职队伍与兼职队伍相结合,党、政、工、团等组织齐抓共管的全方位管理体制。

4. 统筹安排,加强思想政治工作队伍培养

高素质思想政治工作队伍的形成并非一朝一夕、一蹴而就的事情,而是一个长期积累经验、培养锻炼人才的过程。党委要统筹安排,在思想政治工作队伍建设上要做到领导重视、制度明确、人员落实、工作到位。要根据有关规定和社会科学自身特点,精心安排,采取多种形式锻炼和培养思想政治工作干部。例如:可以把定向、在职、长期、短期相

社科工作者思想政治工作若干问题的理性透析

结合,有计划、有步骤地分批进行;还可以采取重点培训,缺什么学什么,需什么补什么的办法,来提高他们的业务能力和工作水平,使之能够担负起日益繁重的思想政治工作任务,并能适应改革的需要。要进一步建立健全思想政治工作目标管理制度、思想政治工作考核评比制度、思想政治工作联系人制度等,以激发思想政治工作者的工作热情和责任感、使命感。

总之,建设一支高素质、强有力的思想政治工作队伍,是一项严肃而紧迫的工作,我们要在"三个代表"重要思想、科学发展观、习近平系列讲话精神的指导下,努力建设好这支队伍。充分发挥他们在改革与发展、维护社科工作者团结与稳定方面的积极作用,为培养社会主义"四有"新人做出应有的贡献。

四、探索规律,推进思想政治工作科学化

在改革开放和社会主义现代化建设的新时期,思想政治工作要发挥更大的作用,仅仅靠原有的传统经验是远远不够的,必须以改革创新的精神,去认识和解决思想政治工作科学化的问题,使之建立在科学的基础上。

1. 正确把握思想政治工作科学化的内涵

思想政治工作是以人为对象的,它本身就是一门高层次的科学。从总体上讲,思想政治工作科学化是遵循人的认识规律和思维规律,按照实事求是的思想路线和工作方法,采用一切有利于教育人的科学知识,开展思想政治工作,从而端正人的思想政治观念,改革人的思维方式,提高人的认识水平,增强人们改造客观世界和主观世界的能力。具体来说,思想政治工作科学化主要包括以下三层含义。

第一，思想政治工作是有其规律可循的科学

经济工作有经济规律，科技工作有科技规律。同样，思想政治工作也有其客观规律。人的思想和心理活动是客观存在的反映，是有一定规律的。毛泽东同志曾经把人的认识运动规律表述为从物质到精神，又从精神到物质；从实践到认识，又从认识到实践；从特殊到一般，又从一般到特殊；从群众中来，到群众中去这样的过程。这些过程是一个统一体，它如同事物的发展过程一样，都遵循辩证法的基本规律。一切思想政治工作，都必须符合这样的认识规律，才能取得成效。在这里值得指出的是，思想政治工作就其指导思想来说，应该用先进的思想体系，崇高的道德规范以及新型的人际关系去影响和教育群众，使之思想境界高，精神状态好。然而，这些先进的东西是一定条件下经济基础和社会存在的反映，而不是超越历史发展阶段的抽象观念。如果在思想政治工作中，我们不从社科工作者的思想实际出发，搞"一刀切"、"齐步走"，一味追求思想教育的先进性，而超越现实的历史条件，超越群众的接受程度，那么，思想政治工作就会变得空谈，起不到宣传、教育和动员社科工作者的作用。因此，我们进行思想政治工作，只有一切按客观规律办事，实事求是，把先进性的要求与广泛性的要求结合起来，才能形成强大的凝聚力，充分挖掘和发挥亿万人民建设社会主义新生活的积极性、主动性和创造性。

第二，思想政治工作是研究和解决人们思想问题的科学

在社会主义条件下，特别是在计划经济体制向市场经济体制转轨的时期，人们存在着各种各样的思想问题。比如说，在世界观上，有的人信奉唯心主义的世界观，怀疑辩证唯物主义和历史唯物主义的世界观；有的人信仰有神论，怀疑无神论；有的人崇拜个人主义，怀疑集体主

社科工作者思想政治工作若干问题的理性透析

义、社会主义和共产主义。在人生价值观上,有的人奉行金钱价值观,认为人生价值的大小,在于他所拥有的金钱和财富的多少;有的人奉行地位价值观,认为人生的价值取决于人们社会地位高低;有的人奉行享乐主义的价值观,认为人生的价值在于享受,享受越多,价值越大;享受越少,价值就越少;在幸福观上,有的人认为,只有吃好、穿好、住好、玩好,才算幸福。上述种种思想领域的问题,大量属于人民内部矛盾。要解决这些思想问题,不能搞政治运动,不能靠压制和打击的办法,而只能靠说理的办法,教育的办法,疏导的办法,释疑解难的办法,靠我们做好深入细致的思想政治工作;靠我们坚持以科学的理论去武装人,以正确的舆论引导人,以高尚的精神塑造人,以优秀的作品鼓舞人,真正帮助人们放下思想包袱,解开思想疙瘩,提高思想境界,不断造就一代又一代有理想、有道德、有文化、有纪律的社会主义新人。

第三,思想政治工作是调动人们生产、生活和学习积极性的科学

思想政治工作不是花瓶,也不能用于摆设;不是空中楼阁,可望而不可即,而是一种充分调动人民生产、工作和学习积极性的科学。大量的事实告诉我们,要发挥人民建设社会主义积极性,除了加强制度建设外,重要的是做好人们的思想政治工作,具体来说,要调动知识分子的生产积极性,就要尊重知识、尊重人才,把知识分子当作先进生产力的代表,把科学技术当作第一生产力来看待。只有这样,才能使知识分子更好地发挥他们在现代生产经营中的骨干作用,把自己的全部智慧和热情贡献给人民群众。实践证明,思想政治工作是一切经济工作的生命线,我们只有把它做实做好,才能给生产活动以有力的思想保证,使经济工作沿着正确的方向前进。同时,坚持做好思想政治工作,有利于提高人们工作和学习的自觉性,促使广大干部群众讲学习、讲正气、讲贡

献，坚守工作岗位，尽职尽责，完成党和人民赋予的任务，创造出第一流的成绩。

2. 实现社科工作者思想政治工作科学化必须坚持"五个结合"

实现思想政治工作科学化是时代对我们提出的客观要求。越是深化改革，扩大开放，越是发展社会主义市场经济，越是要认真探索思想政治工作科学化的具体途径，把思想政治工作提到新的更高的水平。

第一，坚持思想工作与群众的物资利益相结合

马克思曾经指出，"人们奋斗所争取的一切，都同他们的利益有关"。一定的物质利益是人们生存的基础，也是人类进行其他社会活动的最基本的条件。因此，我们的思想政治工作必须以关心群众的物质利益、满足群众正当的物质需求为重要前提。历史的经验反复证明，只有把群众的物质利益放在突出位置，把解决群众的现实困难当作工作的重要出发点，思想政治工作才能取得实效。如果无视群众的正当物质利益，思想政治工作就会归于落空。

在市场经济条件下，人们对物质利益的追求比以往任何时候都更为强烈，这是发生诸多思想问题的重要根源。因此，思想政治工作必须紧紧围绕经济这个中心来做，绝不能偏离这个中心。在这个意义上说，能否坚持思想政治工作与群众的物质利益相结合，不断满足群众正当的物质利益需求，是实现思想政治工作科学化的关键。

第二，坚持灌输与疏导相结合

马克思主义认为，人们的社会主义意识不可能自发产生，而必须从外面灌输。不进行革命理论的灌输，就不能使群众认识真理，提高思想政治觉悟，就无法把工人阶级政党的路线、方针、政策变成广大群众的自觉行动。然而，在改革开放和发展市场经济的条件下，由于现在的社

社科工作者思想政治工作若干问题的理性透析

会成员思想观念多样性，价值追求的差异性，动机行为的趋利性占了上风，因而，有的人认为"灌输过时了"。很显然，这种认识是错误的。大量的事实告诉我们，即使在改革开放和社会主义现代化建设的新时期，灌输仍然是实现思想政治工作科学化的重要途径，有着不可忽视的重要作用。现在的问题，是要坚决改变过去那种"我讲你听"、"我打你通"的单向性灌输方法，建立全方位的灌输网络，增强灌输的科学性和有效性，达到鼓舞人、振奋人激励人的目的，使广大群众受到实实在在的教育和启迪。

要实现思想政治工作的科学化，我们在加强灌输的同时，必须注重疏导。疏导，就是疏通和引导。所谓疏通就是广开言路，集思广益。所谓引导，就是在广开言路、集思广益的基础上，循循善诱，说服教育，帮助人们实事求是地认识问题和分析问题，把群众的思想引导到正确的轨道上来。疏导的一个重要特点，是遵循人们思想形成和发展的客观规律，从寻找思想根源入手，通过宣传、教育、引导、启发和各种社会实践活动，扫清各种思想障碍，提高人们的精神境界。在思想政治工作中贯彻疏导的方针，既能弄清思想，又能团结同志。违背疏导的方针，就会堵塞言路，激发矛盾，使党和人民的事业遭受不应有的损失。运用疏导的方针，首先应该肯定群众中正确的思想认识，使之得到巩固和发展，为更多的人所接受。其次，对人们不正确甚至错误的思想认识，要及时给以批评和教育，使之得到纠正，绝不能放任自流。再次，要因人因时制宜，对症下药，把思想政治工作做到每个人的心坎上，及时解决人们的思想问题，力求收到预期的效果。

第三，坚持自律与他律相结合

要实现思想政治工作的科学化，必须坚持自律和他律相结合。自律就是自我教育，自我修养和自我提高。唯物辩证法认为，内因是变化的根据，外因是变化的条件。一个人思想政治觉悟的提高，归根到底要靠自律，即依靠内心信念来约束自己。自律是一种内在的力量，是人们在长期的社会实践中受教育、熏陶、感染所形成的一种良心、正义感、责任心和荣誉感，是对自己对他人对社会负责的内在的自觉意识。这种内在的自觉意识对人的价值取向和行为规范有着决定性的作用。因此，我们进行思想政治工作，要注重培养人们的自律意识，使社会的思想道德要求变为人们内在的需要，形成自己的正确的价值观念和高尚的道德品质，并以此来规范自己的行为。然而，思想政治工作要取得实实在在的成效，仅仅靠人们的自律是不够的，还必须靠管理、法律等他律手段来约束人们的行为。管理的规范和法律的约束具有强制性权威性、稳定性和长期性，能够从宏观、中观和微观等各个不同层面对人们的行为进行硬约束，可以使好人充分做好事，使坏人无法任意横行，使社会消极现象受到抑制。

自律和他律相结合，是做好思想政治工作的有效手段，两者相辅相成，缺一不可。这就需要把自我约束与各种社会调控手段结合起来，把思想政治工作的自我导向融于管理和法律等硬性规定之中，使自律和他律相互补充，共同发挥作用。自律以内在的自觉性来提高人们的思想认识和道德觉悟，管理和法律以权威性和强制性规范人们的思想和行为。许多地方的工作实践证明，光有自律这种手段制裁不了坏人坏事，但光有管理和法律又不能完全解决人们的思想问题。只有把自律和他律结合起来，才能收到相得益彰的效果。因此，坚持把自律和他律结合起来，就能使自我教育寓于科学有效的管理和法律之中，使法律和管理转化为自我教育。这样，就能使人们的思想追求健康向上，使人们的社会行为

社科工作者思想政治工作若干问题的理性透析

文明有序，形成扶正祛邪、扬善惩恶的社会氛围，使思想政治工作建立在更为科学的基础之上。

第四，坚持继承与创新相结合

要实现思想政治工作科学化，必须把继承和创新结合起来。我们党在长期的革命和建设中，在思想政治工作方面形成了许多的优良传统和宝贵经验。这些优良的传统和经验，在今天并没有过时，值得我们更好地继承和发扬光大。但是，我们应该看到，现在情况发生了很大变化，思想政治工作面临着种种严峻挑战。在国外，西方敌对势力企图用他们的价值观念，对我国在意识形态方面加以渗透。在国内，随着改革的不断深化，经济成分和经济利益的多样化，社会组织形式的多样化，社会生活方式的多样化，就业岗位和就业方式的多样化日趋明显，因特网等影响人们思想的信息渠道不断扩大。这些新变化都使人民内部矛盾呈现出错综复杂的情况。

面对这些新情况、新特点、新问题、新矛盾，思想政治工作必须在加强的基础上改进，在继承的前提下创新。第一，自觉摆脱"左"的束缚，端正指导思想。对于广大思想政治工作者来说，要改变传统的旧习惯和思维定势，把全面贯彻党的基本理论、基本路线和基本纲领作为思想政治工作的根本任务，把经济建设当作最大的政治。第二，理顺思路，建立一体化的思想政治工作领导体制。要建立和健全思想政治工作机构，把思想政治工作纳入改革发展稳定的管理工作的总体目标，使管人管事与管思想统一起来，使思想政治工作逐步走向规范化、制度化，真正克服过去那种"讲起来重要，做起来次要，忙起来不要"的现象，把思想政治工作摆到应有的地位。第三，变"虚"为"实"，把思想政治工作落到实处。具体来说，就是坚持思想政治工作与经济工作、业务工作一道去做，寓思想教育于实际工作之中，提高思想政治工作的实效性。要建立科学的考核评价体系，以实际效果作为评价思想政治工作的主要尺度。在思想政治工作中，不仅要看说得如何，写得怎样，更要看在工作中所起的实际作用；既要看投入与产出的比较，又要看消耗与成果的比较；既要看物质成果，又要看精神成果；既要看现实情况，又要看对未来发展的影响，力求彻底改变过去那种图虚名和走过场的情况，真正使思想政治工作收到实实在在的效果。第四，要逐步形成一整套适应新时期特点的，建立在科学基础上的思想政治工作的原则和方法。这就要求我们将经济学、政治学、社会学、行为科学、教育学、心理学、美学、伦理学等研究新成果应用到思想政治工作中去，在实践中探索思想政治工作的客观规律，使它逐步形成一门具有完整知识体系的科学，从而更好地发挥思想政治工作的巨大作用。

第五，坚持言教与身教相结合

言教与身教相结合，是实现思想政治工作科学化的又一重要途径。大量的事实告诉我们，思想政治工作要真正起到说服人、教育人的作用，一靠言教，二靠身教。言教是做好思想政治工作的基础，身教是做好思想政治工作的关键，两者如一鸟之两翼，一车之两轮，不可分离。所谓言教，就是思想政治工作者把科学的理论和党的路线、方针、政策说明、说透、说顺，对那些关系到群众切身利益的问题要做出恰当解释，这样，才能获得群众的信任，使群众自觉地接受真理。如果在言教上搞形式主义、教条主义、照本宣科和生搬硬套，不但不会收到预期的效果，而且容易引起群众的反感，这一教训我们应该认真汲取。

所谓身教，就是思想政治工作者必须以身作则，说到做到，带头实践自己提倡的道德标准，以自己的模范行为引导、感化和教育群众。只

社科工作者思想政治工作若干问题的理性透析

有这样，人们才会心悦诚服，才能增强思想政治工作的效力。现在，我们的改革开放和现代化建设已经进入新的发展时期，要实现思想政治工作的科学化，迫切要求各级领导和政工干部更好地坚持言教和身教相结合，身教重于言教的原则，在思想政治工作中处处以身作则，事事率先垂范。凡是要求群众做到的，自己首先做到；凡是要求群众不做的，自己首先坚决不做，坚持以自己的模范行为，影响和教育群众，不断开创思想政治工作的科学化的新局面。

由此可见，建设社会主义物质文明，关键在党；建设社会主义精神文明、加强和改进思想政治工作，关键也在党。社科工作者思想政治工作的繁重任务要靠党组织去落实，社科工作者参与改革建设的巨大热情要靠党员先锋模范作用去影响。只有把我们党建设好，社科工作者思想政治工作才能进一步增强说服力、感染力和影响力。要认真贯彻党要管党、从严治党的方针，切实加强党的思想、组织和作风建设，增强党在社科工作者的影响力和凝聚力。党员干部是社会成员中的先进分子，以身作则、率先垂范，身体力行社会主义、共产主义思想，是最有说服力的思想政治工作，必须充分发挥先锋模范作用，自觉践行新时期保持共产党员先进性的基本要求。党员干部要在"立言"和"立行"上多下工夫，努力把真理和人格的力量统一起来。要求普通社科工作者做到的自己首先做到，要求普通社科工作者不做的自己坚决不做，以实际行动为广社科工作者做出表率。要自重、自省、自警、自励，始终牢记"两个务必"，大力弘扬求真务实的精神，全心全意为人民服务，坚决反对腐败现象，做到为民、务实、清廉。建立健全对党员严格要求、严格管理、严格监督的制度，使党员干部的威信不断提高，为做好思想政治工作提供有力保证。

主要参考文献

[1]《马克思恩格斯选集》(第三卷),北京:人民出版社,1973。

[2]《邓小平文选》(第三卷),北京:人民出版社,1993。

[3] 马西林:《以德治国概论》,兰州:甘肃人民出版社,2001。

[4]《中共中央关于构建社会主义和谐社会若干重大问题的决定》,北京:人民出版社,2006。

[5]《列宁全集》,第6卷。

[6]《列宁论教育》,北京:人民教育出版社,1979。

[7] 中华人民共和国教育部:《邓小平教育理论学习纲要》,北京:北京师范大学出版社,1998。

[8] 邓小平:《邓小平文选》(第二卷),北京:人民出版社,1983。

[9] 徐朝旭:《德治论》,厦门大学出版社,2003。

[10] 顾海良:《社科工作者思想政治教育面临的新课题》,北京:中国人民大学出版社,2000。

[11] 何斌:《社会转型时期社科工作者思想政治教育特点探析》,《高教探索》,2001年第2期。

[12] 彭文庆、陈成文:《论思想政治教育的环境及其优化》,《武

陵学刊》（社会科学），1999年第1期。

[13] 张敬红：《思想政治教育创新的探析》，《淮化煤炭师范学院学报》（哲学社会科学版），2003年第10期。

[14] 郭新瑞：《提高思想政治工作的实效性》，《探索》，1996年第6期。

[15] 国家教育部社科工作者司：《社科工作者管理基础知识》，北京：北京师范学院出版社，1991。

[16] 董碧水：《当前青年最关注什么问题》，《中国青年报》，2001年2月6日。

[17] 陈正良：《影响社科工作者思想政治教育的有效性诸因素及矛盾调适》，《宁波大学学报》，1998年第2期。

[18] 王黎：《促进青年在振兴中华伟大实践中健康成长》，《中国青年报》，2000年3月5日。

[19] 丁亚玲、刘健美：《浅析当前思想政治教育中社科工作者"叛逆心理"的成因》，《社会科学辑刊》，1996年第6期。

[20] 李义禄、荀黎明：《思想品德课教程》，沈阳：辽宁民族出版社，1996。

[21] 布和、李义禄：《思想道德修养》，呼和浩特：内蒙古教育出版社，1996。

[22] 姜桂石等：《当代社科工作者必读》，呼和浩特：内蒙古人民出版社，1995。

[23] 万美容：《论信息社会与思想政治教育方法的现代化》，《思想政治教育研究》，2008年第6期。

［24］房晓梅：《当前社科工作者思想政治教育存在的问题及对策分析》，《重庆工业高等专科学校学报》，2004 年第 10 期。

［25］李遥：《互联网对社科工作者思想政治工作的影响及对策》，《南京航空航天大学学报》（社科版），2002 年 1 期。

［26］陈波：《浅议社科工作者校报在社科工作者思想政治教育中的作用》，《职教探索与研究》，2006 年第 2 期。

［27］张婷婷、史亲风：《博客的思想政治教育功能初探》，《江西蓝天学院学报》，2007 年第 12 期。

［28］张蔚平：《新编思想政治工作概论》，北京：中共中央党校出版社，1990。

［29］陈立思：《当代世界的思想政治教育》，北京：中国人民大学出版社，1999。

［30］阮来民：《现代管理学》，上海：上海教育出版社，2002。

［31］袁振国：《当代教育学》，北京：教育科学出版社，2002。

［32］安文铸：《现代教育管理学引论》，北京：北京师范大学出版社，2001。

［33］孙慕天：《知识的不同维度：理性的、合理的、理想的》，《新华文摘》，2000 年第 5 期。

［34］陈俊宏：《加强和改进思想政治工作学习读本》，北京：中共中央党校出版社，1999。

［35］武连元：《新时期机关党建概论》，北京：中共中央党校出版社，2001。

［36］王新山：《思想政治工作心理学概论》，武汉：武汉测绘科技

大学出版社，1998。

［37］中国思想政治工作研究会：《思想政治工作概论》，北京：中国人民大学出版社，2007。

［38］万福义：《思想政治工作》，北京：中央党校出版社，2005。

后 记

本书是自己多年在办公室从事思想政治工作的心得体会，也是自己作为一位社科工作者对如何做好思想政治工作的心得体会。写作本书的目的是为了进一步做好社科工作者的思想政治工作，以促进哲学社会科学繁荣发展。

本书共七章，17万字，各章节分内容如下：第一章：加强社科工作者思想政治工作的重大意义；第二章：社科工作者思想政治工作面临的挑战；第三章：社科工作者思想政治工作相对滞后的原因剖析；第四章：改革开放以来社科工作者思想政治工作的基本经验；第五章：社科工作者思想政治工作的基本框架；第六章：社科工作者思想政治工作的原则和方法；第七章：加强党对社科工作者思想政治工作的领导。

本书在写作过程中得到了同事、朋友的支持和帮助，在此表示深深感谢。本书能在较短时间内顺利出版，得到了出版社的大力支持，得到了文人雅士李美清老师的帮助，在此表示感谢。

本书由于研究者水平、阅历有限，撰写之间难免有失之偏颇，粗疏之处，敬请读者批评指正。

曹十芙

2016年3月28日